선교적으로 성경을 어떻게 읽을 것인가

이 책은 2023년 9월 25일부터 26일까지 글로벌리더십포커스(GLFocus) 주관으로
열린 한국해외선교회(GMF) 포럼-"선교사와 선교적 성경읽기"-에 발표된 발제들을
모아 편찬한 것이다.

글로벌리더십포커스
Global Leadership Focus
글로벌리더십포커스(이하 GLFocus)는 한국해외선교회(GMF) 산하 훈련 기관으로
타문화 사역자들을 21세기 글로벌 선교 시대에 부응하는 지도력으로 향상시키기
위해 2007년 설립된 선교사 연장 교육 기관이다. 비형식적, 비공식적, 공식적 교육을
효율적으로 사용해 타문화 사역자들로 하여금 자신이 하고 있는 사역 분야에 대하여
전문성을 준비하여 성숙한 지도자가 되는 것을 목표로 한다. 특히, GLFocus 사역의
일환으로 2012년에 출범한 KGLI(Korean Global Leadership Institute)는 말레
이시아침례신학대학(MBTS)과 공동으로 선교학 박사학위(D. Miss.) 과정을 통해
한국의 선교 지도력이 성장하도록 돕고 있다.
Homepage: www.glfocus.org

선교적으로 성경을 어떻게 읽을 것인가

1 판 1 쇄 발 행	2024년 2월 20일
발 행 처	사)한국해외선교회 출판부(GMF Press)
지 은 이	팀 데이비, 임태순, 권성찬, 한종석 외 3인
발 행 인	양승헌
출 판 편 집	한국선교연구원(KRIM)
주 소	서울 양천구 목동중앙본로18길 78, 4층
전 화	(02)2654-1006
이 메 일	krim@krim.org
등 록 번 호	제21-196호
등 록 일	1990년 9월 28일

선교적으로 성경을
어떻게 읽을 것인가

목차

권성찬(GMF 대표)

모든 것이 그렇지만 어떤 것이 내리막길을 걷는 것은 그것에 대한 정의가 내려지는 순간부터이다. 왜냐하면 정의를 내리는 순간, 내용에 대한 성찰은 사라지고 방법으로 초점이 옮겨지기 때문이다. 그러면 '무엇'에 대한 성찰보다 '어떻게'라는 습득에 강조를 둠으로써 사양의 길을 걷게 된다. 그런 면에서 '성경의 선교적 읽기' 혹은 '성경의 선교적 해석학'이라고 부르는 비교적 최근에 발전된 성경 읽기 방식은 이런 정의를 피하는 길만이 살길이다. 비유하자면 어떤 고정된 강(river) 하나로 정의하고 거기서 물을 빼내어 쓰려는 방식이 아니라, 아직은 작은 강에 불과하지만 거기에 계속 다양한 방향에서 물을 흘려보냄으로 강을 확장하는 방식이 되어야 한다는 말이다.

이번 GMF 포럼에서 다룬 선교적 성경 읽기는 하나의 정의를 내리려 한 것이 아니라 지금까지 이 읽기에 대해 논의된 것을 정리하고 아직 물이 많지 않은 실개천이나마 그 강물에 보태려 했다는 데 의미가 있다. 따라서 이 책을 출간하는 의도는 여기에 적힌 내용을 박제화하거나 답으로 외우려는 시도를 완강히 거부하고 오히려 이와 같은 실개천을 다양한 사람들이 각자 만들어 이 강에 흘려보내기를 바라는 마음으로 출간하는 것이다. 그 과정에서 자연스럽게 더 큰 물줄기가 만들어지고 각 실개천이 가진 소소한 문제들은 모두 정화될 것이다.

학자는 학자의 역할이 있다. 선교에 있어 신학자 및 선교학자의 역할이 중요하다는 것은 부인할 수 없는 사실이다. 다만 선교에 대한 성찰을 늘 신학자나 선교학자들에게 의존할 수만은 없다. 한때 자주 사용했던 '반추하는 실천가'라는 용어는 모든 선교의 실천가들이 반추를 놓치지 않음으로써 실천의 축적이 올바른 학문으로 정리되어 더 나은 실천으로 나아가기 위해 사용했던 용어이다. 그런 의미에서 선교적 성경 읽기는 특히나 선교를 실천의 영역에서 감당하는 모든 선교사들이 반추를 놓치지 않음으로써 선교가 성경에 근거한 올바른 선교로 교정되고 확장되는 데 필수적이다. 성찰하는 선교 실천가들이 되자는 바람을 가지고 이 책을 출간한다. 선교적 성찰이라는 그 지난한 여정의 시작을 바라면서 여기 기록된 이 글들을 모든 선교사에게 그리고 성경을 올바르게 읽고자 바라는 모든 성도들에게 추천한다.

이태웅(GLFocus 원장)

제 1 회 선교 포럼 내용을 토대로 한 『선교, 이제 어떻게 하지?』 첫 출판에 이어 이번 『선교적으로 성경을 어떻게 읽을 것인가』를 출판하게 된 것에 대해 무엇보다 먼저 축하를 드립니다.

이 두 권의 저서는 사단법인 한국해외선교회(GMF) 선교 포럼에서 각 파송 단체 소속 선교사들이 발표한 내용으로 구성되었습니다. 이미 출판된 앞의 책은 COVID-19 팬데믹 상황에서 성찰한 새로운 선교 패러다임에 대한 논의였다면, 이번에 출판된 책은 선교를 위해 성경을 어떻게 읽어야 하는가에 대한 내용입니다.

이번 포럼의 제목만 보았을 때는 아주 짧게 성경과 선교가 어떤 관계에 있는가라는 논의에 그치기 쉽습니다. 그럼에도 불구하고 이번에 출판되는 책이 제시하는 선교적 성경 읽기가 무엇을 의미하는가를 이해하고, 하나님께서 의도하신 대로 성경을 읽는다면 성경 말씀과 선교와는 뗄래야 뗄 수 없는 연관성이 있다는 것에 대해 이해할 수 있게 해 줄 것입니다.

한 가지 예로서 1792 년에 구둣방에서 일하던 한 성도인 윌리엄 케리(William Carrey)가 성경에 기록된 선교에 관한 지상명령(마 28:18-20)을 읽고 깨달은 것이 근대 선교운동을 일으키는 첫 번째 계기가 되었습니다. 선교는 하나님의 말씀으로부터 시작되었고, 그동안 교회들과 선교사들이 하나님의 말씀을 지속적으로 배우고, 배운 대로 순종함으로써 복음화가 세계 각처에까지 이루어졌습니다.

　그동안 선교사를 양성하기 위해 교회들이나 신학교들이 얼마나 큰 비중으로 성경과 선교의 관계를 강조했는가를 성찰해 볼 필요가 있다고 봅니다. 특히 최근에 있었던 팬데믹의 긴 터널을 통과하면서 선교계에서 다양한 선교운동이 일어나고 있는 상황을 생각할 때 더욱 그렇습니다.

　그러한 의미에서 이 책 『선교적으로 성경을 어떻게 읽을 것인가』는 당면한 도전, 즉 한국 교회와 선교계가 글로벌한 선교 상황에 적절한 출구 역할을 담당하는 데 영향을 줄 수 있다고 믿습니다. 부디 이 책을 읽음으로써 선교에 대해 더 깊은 확신을 갖고 그 결과 더 열심히 선교에 참여할 수 있게 되기를 기원하는 바입니다.

임태순(GLFocus 사역본부장)

성경을 선교적으로 읽는 것이 중요해졌다. 빠른 변화 속에서 방향 감각의 혼란을 경험하고 있는 21 세기 선교 현장은 영적 나침반을 요청하고 있는데 그 나침반이 바로 성경이기 때문이다. 최전선에 사역하고 있는 선교사(사역자)들은 수많은 질문과 씨름하고 있다. '선교가 무엇인가?'라는 질문은 우리가 행하고 있는 선교의 본질에 대해 의문을 제기한다. 선교운동을 이끄는 선교사들의 얼굴이 바뀌고 있다. 서구에서 온 백인 선교사들이 주도하던 선교 현장은 비서구 다수세계 교회에서 파송 받은 선교사들로 대체되고 있다. 대부분의 선교지는 전 세계 모든 곳에서 온 다양한 배경의 선교사들이 함께 어울려 일하는 곳으로 변하고 있다. 현지교회를 배제하고 선교사 주도로 자기 왕국을 세우던 선교 시대는 과거의 추억이 되고 있다. 서구 밖 거의 모든 곳에 교회들이 세워져 활발하게 성장하고 있는 세계 기독교 시대는 전도와 교회 개척에 모든 것을 쏟아붓던 이전의 선교와 다른 방향성을 요구하고 있다. 이 질문들은 선교운동이 본질적인 변화를 지나가고 있음을 보여준다. 그런데 이 변화들이 어디를 향해야 하는가는 인간적 지혜나 상황 논리가 아니라 우리 삶과 사역의 영원한 토대인 성경 위에 세워져야 한다. 21 세기 선교현장에서 제기되고 있는 다양한 선교 패러다임들이 바르게 자리 잡기 위해서는 다시 성경으로 돌아가야 한다. 선교적 성경 읽기가 필요한 이유다.

이번 책자는 2023년 9월 진행한 제2회 GMF 선교 포럼 때 발표된 논문들을 중심으로 엮은 것이다. 제1회 GMF 선교 포럼(2022년) 때 발표했던 자료들을 중심으로 출판한 『선교, 이제 어떻게 하지?』에 이어 두 번째 출판이다. GMF 선교 포럼은 COVID-19가 준 선물이다. 3년 가까이 온 세상을 정지시켰던 팬데믹으로 인해 선교운동 역시 긴 '멈춤'의 시간을 가질 수밖에 없었다. 힘든 기간이었지만 '무의미한' 정지(停止)는 아니었다. 지나온 여정을 되돌아보고 미래에 대한 성찰을 할 수 있는 기회였기 때문이다. 제1회 때는 우리가 딛고 서 있던 기존의 선교 패러다임에 대해 비판적 성찰을 시도했었다. 특히 최전선에서 사역하고 있는 현장 선교사들이 자신들의 경험과 성찰을 학술 논문의 형태로 만들어 발표했다는 점에서 의미가 컸다. 현장의 경험과 학문적 통찰이 통합된 목소리라는 면에서 전환기의 한국선교가 방향을 잡는 데 나름의 기여가 되었다. 한편 『선교, 이제 어떻게 하지?』에 포함된 두 논문이 2023년 6월 개최된 제8차 세계 선교전략회의(NCOWE VIII)에서 발표되었고 새로운 방향성을 모색하는 한국 선교운동에 기여했다는 점은 감사한 일이다.

제2회 GMF 선교 포럼은 "선교사와 선교적 성경 읽기"라는 제목으로 진행되었다. 제1회와 마찬가지로 현장 선교사들 중심으로 관련 논문을 작성해 발표했고 그 결과가 이 책의 출판으로 이어졌다. 2022년 10월부터 본부 지도자들, 현장 선교사들이 온라인으로 모여 선교적 성경 읽기에 대한 글도 읽고 함께 이 새로운 운동을 이해하기 위한 토론 시간을 가졌다. 선교적 성경 읽기 관점에서 성경공부 커리큘럼을 만들고 이를 중심으로 현지인들과 함께 '선교적' 성경공부를 진행했다. 토론의 과정을 거쳐 그 결과를 논문으로 작성했고 2023년 9월, 이틀에 걸쳐 온라인 포럼을 통해 이 논문들이 발표되었다. 이 책은 그때 발표된 논문들을 엮은 것이다.

이번 포럼은 다음 몇 가지 면에서 의미가 있었다. 먼저 아직 선교계에 그리 널리 알려지지 않은 '선교적 성경 읽기'라는 새로운 주제를 현장 선교사들이 직접 시도해 보고 이 새로운 성경 읽기의 가능성을 검토했다는 점이다. '선교적 성경 읽기'가 선교지 교회(교인)들에게 어떤 영향을 미치는지, 그리고 한인 선교사들의 성경 교육 사역에도 새로운 장을 열 수 있다는 가능성을 볼 수 있었다. 둘째, 제 1 회와 마찬가지로 새로운 선교학적 주제를 현장 선교사들의 입장에서 다룰 수 있었다는 점이다. 본부 선교사들이 '선교적 성경 읽기'의 학문적 의미를 정리했고, 현장 선교사들은 이를 현장에 적용하고 새로운 성경 읽기 방식이 '글로벌' 상황에서 어떻게 작동하는가를 검토했다. 선교적 해석학은, 이번 포럼에서 글을 발표한 Davy 교수도 말했듯이, 서구 학자들 중심으로 학문적 차원에서 논의되어 온 새로운 성경 읽기 방식이다. 학문적인 틀을 갖추게 된 '선교적 성경 읽기'가 다음 단계로 직면하고 있는 도전은, 이 성경 읽기 방식이 서구적 관점을 넘어 서구 밖의 글로벌 상황에서도 적용 가능하다는 것을 확인하는 일인데, 이번 포럼은 그 가능성을 타진하는 시도였다. 마지막으로 이번 포럼은 우리의 선교 현장 가운데 새로운 성경 읽기에 대한 자극이 되었다는 점이다. 이틀 동안의 포럼에 많은 선교사들이 참여해 토론하고 '선교적 성경 읽기'라는 새로운 성경 읽기의 필요성에 공감하게 된 것은 이번 선교 포럼의 소중한 열매다. '선교적 성경 읽기' 통해 선교지 교회들이 선교적 교회로 성장되고, 동시에 성경에 대한 선교적 읽기를 통해 선교현장에서 제기되고 있는 다양한 쟁점들을 새롭게 바라볼 수 있는 안목을 갖게 되었다.

그런데 이번 포럼에서 논의된 '선교적 성경 읽기'를 보다 잘 이해하기 위해서는 '선교적'이란 단어의 의미에 대한 논의가 필요하다. 성경 읽기에 '선교적'이란 수식어를 붙인 이유가 무엇인가? 성경 읽기에 '선교적'이란 말을 덧붙일 경우 기존의 성경 읽기와 어떻게 다르며, 어떤 면에서 이 성경 읽기가 21 세기의 글로벌한 기독교 상황에 맞는 성경 읽기인가?

'선교적'(missional)이란 말은 20 세기 말 새롭게 만들어진 선교학적 용어다. 전에는 교회가 없는 타문화 지역에 가서 복음을 전하고 교회를 개척한다는 의미로 '미셔너리'(missionary)라는 용어가 널리 사용되었다. 그런데 이 용어는 20 세기 중반에 들어 많은 비판에 직면한다. 18 세기부터 20 세기 전반에 걸쳐 광범위하게 진행된 근대 기독교 선교운동은 서구의 제국주의적 세계 지배와 함께 진행된 면이 있었다. 이 때문에 근대 선교운동은 20 세기 중반 독립한 비서구 국가들로부터 제국주의의 앞잡이였다는 비난을 받았다. 서구 기독교 확산의 형태를 띠었던 근대 선교운동은 실제로 여러 면에서 식민통치와 도움을 주고받는 관계에 있었기 때문에 이 비판으로부터 자유롭지 못했다. 이런 상황에서 1950 년대 초 '하나님의 선교'라는 새로운 관점이 제기되었다. 선교가 서구의 기독교 확산이 아니라 하나님의 통치를 이 땅에 구현하는 과정으로 새롭게 정의하려는 시도였고 이는 당시 선교 공동체가 직면하고 있던 딜레마를 어느 정도 해소할 수 있는 길을 열어 주었다. 새로운 선교 이해가 근대 서구 선교운동이 짊어지고 있었던 과거의 무거운 짐을 벗게 해 준 것이다. 선교학자들은 이 새로운 관점을 반영하기 위한 새로운 용어를 만들었는데 그것이 바로 '미셔널'(missional)이었다. 식민주의 당시 타문화 선교를 의미했던 '미셔너리'(missionary)가 서서히 '미셔널'(missional)이란 새로운 용어로 대체되었다.

한편 '하나님의 선교'를 반영하기 위해 새롭게 만들어진 '미셔널'(missional) 개념은 선교학이 하나의 학문 영역으로 발전할 수 있는 새로운 기회를 열어 주었다. 이전의 선교 이해는 서구 밖의 비기독교 지역에 교회를 개척하고 서구의 기독교 문명을 전파하는 활동으로 이해되었고 선교학은 그 현장에서 진행된 상황들을 다루는 실천신학의 한 하위 영역으로 여겨졌다. 실제적인 사역에 대한 논의 중심이었기에 하나의 독립된 신학적 학문 체계로 여겨지지 못했다. 그런데 선교에 대한 이해가 '하나님의 선교'의 관점으로 바뀌게 되면서 선교학은 조직신학에서 성서신학에 이르는 신학의 전 영역과 연결될 수 있게 되었고 하나의 학문적 체계로 성장하는 기회를 갖게 되었다. 이를 위해 결정적 기여를 한 것이 데이비드 보쉬(David Bosch)였는데 그는 선교학을 신학 모든 영역의 기초이면서 동시에 지향점으로서 새롭게 자리매김해야 한다고 주장했다.

특히 '미셔널'(선교적)이란 관점은 선교적 관점을 성서신학과 통합할 수 있는 가능성을 열어주었다. 성경 전체를 피조세계의 회복을 향한 하나님의 선교적 활동에 대한 기록으로 이해하며 이는 '선교적' 관점이 신구약 전체를 꿰뚫는 해석의 틀이 될 수 있음을 의미한다.

성경을 '하나님의 선교' 이야기로 해석하는 것의 정당성을 제공한 학자는 크리스토퍼 라이트(Christopher Wright)이다. 그는 『하나님의 선교』(2010) 서론에서 누가복음 24 장에 기록된 부활 후 제자들과 가졌던 예수의 사경회 모습을 '성경 해석학'의 강의로 규정하면서, 이 자리에서 예수께서 '선교적' 관점을 전체 성경을 해석하는 틀로 제시했다고 소개한다. "또 이르시되 내가 너희와 함께 있을 때에 너희에게 말한 바 곧 모세의 율법과 선지자의 글과 시편에 나를 가리켜 기록된 모든 것이 이루어져야 하리라 한 말이 이것이라 하시고 … 또 그의 이름으로 죄 사함을 받게 하는 회개가 **예루살렘에서 시작하여 모든 족속에게 전파될 것이 기록되었으니**"(눅 24:44, 47). 이 사경회에서 예수님은 성경을 관통하는 두 개의 거대한 내러티브(이야기)를 설명한다. 하나는 예수의 메시아 됨(messianic)에 관한 이야기이고, 다른 하나는 타락한 피조세계 전체 회복을 향한 하나님의 선교적(missional) 이야기이다. 성경을 바르게 이해하기 위해서는 이 두 안경을 써야 한다는 의미이다. 그런데 구속적(메시아적) 성경 읽기는 이제까지의 성경 읽기에 잘 적용되어 왔지만, 후자의 '선교적' 관점은 그리 주목을 받지 못해 왔다. 라이트는 선교적 본질을 잃어버린 오늘날 교회를 위해서 성경 읽기의 '선교적' 관점 회복이 중요한 도전임을 강조한다. 라이트 외에도 많은 신구약 학자들이 성경 전체를 선교적으로 읽어야 한다는 것에 동의하고 있는데, 이런 주장들이 모여 '선교적 성경 읽기'(선교적 해석학)라는 새로운 성서해석의 틀로 자리잡게 된 것이다.

선교적 성경 읽기 운동은 급격히 침체되고 있는 서구 교회의 선교적 열정 회복을 위한 관심 속에서 서구에서 논의되기 시작했다. 왜 '선교적'인 읽기가 회복되어야 할 성경 읽기 방식인가? 위에서 언급했듯이 이는 예수가 가르친 성경 읽기의 원리로 돌아가는 것을 의미하기 때문이다. '선교적'은 성경의 기록 목적과 연관된다. 창세기부터 계시록으로 이어지는 하나님의 거대한 구속 이야기는 복음이 땅끝까지 이를 때까지 선교적 이야기로 되살려질 때 온전한 의미를 갖게 된다. 한편 교회의 선교적 본질 회복은 선교적 성경 읽기의 회복 없이는 불가능하다. 선교적 성경 읽기는 침체 가운데 있는 교회가 이 세상 회복을 향한 하나님의 의도를 재발견하고 교회가 이 하나님의 선교에 참여하는 존재가 되기 위해 반드시 필요한 과정이다.

그런데 교회가 침체되고 있는 서구의 상황에서 시작되기는 했지만, 선교적 성경 읽기는 하나님의 '선교적 초대'에 응답해야 하는 전 세계 모든 교회가 회복해야 할 성경 읽기이기도 하다. 서구적 경계를 넘어 전 세계 모든 지역, 선교 현장에 '선교적 성경 읽기'가 확산되어야 하는 이유가 여기 있다. 지난 20-30년 동안의 논의를 통해 선교적 해석학의 학문적 토론이 어느 정도 틀을 갖춘 것에 비해 이 관점이 지역교회와 신자들의 성경 읽기에 구체적으로 적용된 사례 연구는 아직 초기 단계에 머물러 있다. 선교적 성경 읽기가 직면하고 있는 다음 도전은 이 새로운 성경 읽기 방식이 세계화된 21 세기 기독교 상황에 어떻게 적용될 수 있는가를 검토하는 일이다. 이번 포럼에서 발표된 논문들은 선교적 성경 읽기에 대한 바른 이해와 함께, 이 새로운 읽기 방식을 서구적 경계를 넘어 한인 선교사들과 그들이 사역하는 각 사역 현장에 적용하기 위한 새로운 시도라는 면에서 의미가 있었다.

　이제 이 책에 기록된 각 논문에 대해 간단한 소개와 함께 권두언을 마무리할까 한다. 먼저 영국 All Nations Christian College 에서 가르치고 있는 팀 데이비(Tim Davy) 교수는 짧은 그의 논문 "선교적 성경 읽기: 과거와 미래"를 통해 한국 선교사들을 '선교적 성경 읽기'라는 새로운 모험에 초청한다. 교회가 급격히 침체되고 있는 유럽 교회들을 다시 되살리고자 하는 관심에서 발전된 '선교적 성경 읽기' 운동은 교회의 선교적 본질을 회복하고 더 나아가 온 세상의 회복을 향해 일하시는 하나님의 선교에 동참하는 교회들이 되기 위해 전 세계로 확산될 필요가 있음을 강조하면서 한인 선교사들과 그들이 사역하는 세계 각처의 교회들 안에서 선교적 성경 읽기가 확산하도록 격려하고 도전한다.

　임태순 선교사는 "선교적 성경 읽기, 21 세기 교회를 위한 새로운 틀"을 통해 '선교적 성경 읽기'가 세계화된 21 세기 기독교 상황에 맞는 성경 읽기로 소개한다. 먼저 선교적 성경 읽기에 관심을 갖게 된 개인적 경험을 언급한 뒤, 마이클 고힌(Michael Goheen) 교수의 논문을 중심으로 선교적 성경 읽기 논의와 운동이 서구에서 어떻게 발전되어 왔는가를 설명한다. 선교적 성경 읽기는 기존의 비평적 성경 읽기의 문제점을 극복하기 위해 서구에서 발전한 새로운 성경 읽기 방식이지만, '선교적 성경 읽기'는 서구라는 한계를 넘어 세계화된 21 세기 교회를 위한 성경 읽기로 확산될 필요가 있다고 주장한다. 그리고 이를 위해 극복해야 할 도전들을 언급한다.

이러한 도전들이 잘 극복되어 선교적 성경 읽기가 전 세계 모든 교회들이 선교적 교회로 성장하기 위한 유용한 도구로 자리 잡을 수 있기를 제안한다.

권성찬 GMF 대표는 "선교사와 선교적 성경 읽기"를 통해 선교적 성경 읽기는 선교지에 선교적 교회들을 세우기 위해 선교사들이 먼저 장착해야 할 성경 읽기로 소개한다. '선교적' 읽기를 크게 다음 네 과정으로 설명하고 있다. 먼저 성경 전체를 꿰뚫는 이야기, 즉 하나님의 선교적 방향성 안에서 읽어야 하고, 다음은 전체 이야기에 대한 이해 위에서 성경 각 권의 특수한 서사를 이해해야 한다. 권 대표는 요한복음 읽기를 예로 설명한다. 셋째, 전체로서의 성경 읽기와 성경 각 권의 독특한 상황 속에서의 읽기는 구체적인 하나님의 선교적 공동체 형성으로 이어져야 하며, 마지막으로 앞의 세 단계의 읽기는 독자 또는 독자 공동체가 처한 상황 속에서의 읽기와 연결되어야 한다. 선교적 성경 읽기는 먼저 선교사 공동체 안에 적용되어 선교사, 또는 선교 공동체의 부흥으로 연결되고 궁극적으로 서구교회와 비서구 교회들이 함께 선교하는 새로운 선교운동의 토대가 될 것을 전망한다.

한종석 선교사는 "하나님의 선교의 관점에서 읽은 에베소서와 파키스탄 펀자비 기독교 공동체"라는 논문을 통해 파키스탄 펀자비(Punjabi) 기독교 공동체 상황에서 에베소서의 선교적 읽기의 의미를 설명한다. 펀자비 기독교 공동체들이 처한 독특한 상황 속에서 에베소서가 제시하는 선교적 내러티브가 어떻게 읽히며 그러한 '선교적' 읽기를 통해 저들이 어떻게 하나님의 선교를 이해하고 그 안에서 자신의 새로운 선교적 정체성을 세울 수 있는가를 분석했다. 자신들과 유사한 처지에 있던 에베소 교회를 향해 바울의 전했던 메시지를, 펀자비 독자들이 에베소 교회의 관점으로 읽고 이 깨달음을 오늘의 자신들에게 적용하는 과정을 '선교적 성경 읽기'로 설명한다.

김강석 SNS 대표는 "이주 근로자와 아브라함 이야기 선교적 읽기"를 통해 한국에 온 외국인 노동자들과의 선교적 성경 읽기 가능성을 논하였다. 성경은 자국을 떠나 먼 외국 생활을 하는 디아스포라들의 이야기로 가득하다. 특히 아브라함은 자신의 고국 갈대아 우르를 떠나 하란과 팔레스타인, 그리고 애굽 등 여러 지역에서 이주민으로서 살면서 하나님을 만난 성경의 인물이다. 이주민으로서 아브라함의 이야기에 대한 선교적 읽기는 한국에서 이주 근로자로 살고 있는 사람들에게 자신의 이야기로 읽힐 수 있고 이를 통해 선교적 여정으로 이끄시는 하나님의 의도와 손길을 경험할 수 있음을 보여준다.

김영진 선교사는 "캄보디아 성도들과 선교적으로 읽은 베드로전서: 꺼꽁주(州) 거룩한 빛 교회 성도들을 중심으로"라는 글을 통해 자신이 사역하는 교회 성도들과의 선교적 성경 읽기 과정을 소개한다. 베드로전서에 대한 선교적 읽기를 통해 불교 사회에서 소수자(기독교인)로 사는 것의 선교적 의미를 성찰하고 이를 계기로 하나님의 백성으로서 자신의 선교적 정체성을 재발견하는 것을 보여준다. 특히 9개의 지표를 세워 선교적 관점에서의 성경 읽기가 그리스도인의 삶과 정체성의 어떤 영역에 영향을 미치는가를 파악함으로써 선교적 성경 읽기가 구체적으로 어떤 변화들을 가져오는가를 분석하였다.

마지막으로 이성칠 선교사는 "몽골 기독교인과 읽은 골로새서"를 통해 몽골 상황에서 선교적 성경 읽기가 어떻게 작용하는가를 보여주었다. 대학교 영어 강사와 외국인 기업에서 일하는 두 자매와의 골로새서에 대한 '선교적' 성경 읽기를 통해 선교적 읽기가 선교지 교회 성도들의 선교의식 변화에 어떤 영향을 주었는지 분석했다. 이들과는 이미 여러 해 전부터 성경공부를 해 오고 있었기 때문에 이전의 방식과 '선교적' 읽기 방식을 비교할 수 있었다. 선교적 읽기를 통해 개인구원 중심의 신앙에서 벗어나 하나님의 선교적 관점으로 성장하는 경험을 했고, 선교적 관점에 따른 성경해석 과정을 통해 새로운 공동체성을 경험할 수 있었다고 고백했다.

선교적 성경 읽기는 선교지 교회들이 선교적 정체성을 재발견하고 이 땅에서 선교적 사명을 감당하는 새로운 공동체성을 만들어 낸다. 20세기 중반까지 선교란, 기독교화된 서구에서 교회들이 없는 비서구 선교지에 선발된 소수의 선교사를 파송해 전도와 교회개척을 통해 그 지역을 기독교화하는 것을 의미했다. 그런데 이러한 선교 이해는 기독교가 전 세계에 퍼져 있는 21세기 상황에는 적절하지 않다. '선교사'란 파송 받은 소수의 특별한 존재들을 의미하기보다는 전 세계 모든 곳에 있는 교회들을 의미하게 되었다. "땅끝까지 이르러 복음의 증인되리라" 선포하신 예수님의 지상명령을 완수하기 위해 오늘날 우리가 돌파해야 할 도전은 전 세계에 뿌리내린 교회들이 어떻게 자신을 선교적 존재로 재발견하고 그 정체성을 가지고 세상 가운데 복음의 증거자로 살게 할 것인가에 있다. 여러 방법이 있겠지만 가장 중요한 것은 성경을 '선교적으로' 읽는 것을 통해 말씀 속에서 자신의 선교적 본질을 확신하도록 하는 것이다. '선교적 성경 읽기'가 21세기 선교 현장에 보급되어야 하는 이유다.

데이비 교수는 그의 짧은 글에서 선교적 성경 읽기에 대한 도전을 즐거움을 향한 초청으로 비유한다. '선교적' 성경 읽기는 이 세상 가운데 지금도 일하시는 하나님을 발견하도록 우리의 눈을 열어 줄 뿐 아니라 하나님의 선교라는 즐거운 여정에 참여할 수 있는 문을 열어 줄 것이다.

> 결론적으로 나는 즐거움과 초청이라는 주제로 돌아가고자 한다. 선교적 해석학의 논의는 지난 20-30년간 많은 열매를 맺어 왔다. 이제 선교적 해석학을 성경을 읽는 접근법으로 사용하는 우리 모두 앞에 또

다른 초청이 놓여있다. 우리는 성경을 선교적으로 읽고 있는 더 넓고 많은 공동체와 함께 나누고 경청하고 배울 준비가 되어 있는가?

1

선교적 성경 읽기: 과거와 미래

선교적 성경 읽기: 과거와 미래
Missional Readings of the Bible:
Looking Back and Looking Forward

팀 데이비(Tim J. Davy)

한종석 번역

들어가는 말

나는 지난 15년간 하나님의 말씀과 하나님의 선교와의 관계를 연구하고 가르치는 특권을 누려왔다. 이 기간 동안 나는 영국에 있는 두 곳의 타문화권 선교훈련대학(Redcliffe College, All Nations Christian College)에서 가르쳤고, 선교적 해석학을 욥기에 적용하는 데 중점을 둔 연구로 박사학위를 마쳤다. 이러한 일들을 통해 하나님의 선교에 함께 참여하는 것이 무엇을 의미하는지를 이해하려고 노력함과 동시에 세계 여러 곳에서 온 학생 및 동료들과 대화하면서 성경의 선교적 읽기를 발전시키고 탐구하는 즐거움을 누렸다.

학생들에게 선교적 읽기를 소개할 때, 나는 이 주제가 가르치는 자 또한 배우는 자로서 그리고 무엇보다도 예수의 제자로서 나에게 엄청난 영향을 미쳤다고 이야기한다. 성경의 선교적 읽기가 단순히 학문적으로 견고하고 풍요롭게 할 뿐 아니라 모든 신자에게 자양분을 공급하는 훌륭한 원천이라고 확신한다.

이 짧은 글에서 나는 영국 학자의 관점에서 '선교적' 읽기의 발전에 대해 성찰해 보려고 하는데, '선교적 해석학'에 대해 잘 알려지고 출판된 논의들이 서구(주로 북미와 유럽)에 기반을 두고 있다는 것을 잘 알고 있다. 그러나 역사적으로 그리고 전 세계적으로 흩어져 있는 신자들이 성경과 하나님의 선교를 연결하는 길들을 찾았다는 것을 인정하는 것이 중요하다. 여기서 내가 초점을 둔 것은 특정한 이름으로 명명된 해석의 한 방법으로서 '선교적 해석학'의 발전에 대한 것이다.

'선교적' 읽기는 무엇을 의미하는가?

나는 다른 글에서 선교적 해석학을 "성경의 선교적 본질에 비추어 본문을 읽고자 하는 성경 해석의 한 가지 접근법"이라고 정의한 적이 있다.[1] 성경 내러티브의 본질이 선교라는 생각은 성경의 DNA 에 선교가 자리 잡고 있다는 것을 보여 준 여러 학자의 연구에 기초를 두고 있는데, 다른 말로 하면 선교는 성경의 많은 주제 중 하나가 아니고 전혀 다른 범주에 속한다는 것이다.[2] 다른 학자들은 성경의 선교적 기원, 내용, 그리고 목적에 관해 이야기해 왔다.[3] 만약에 이들의 이야기가 맞는다면 하나님의 선교라는 실체는 애초에 우리에게 성경이 왜 주어졌는지, 각 본문들은 왜 성경 전체를 이끄는 줄거리를 담고 있는지를 설명해 준다. 그리고 성경이 그것을 읽는 독자들과 그들이 섬기도록 부름을 받은 세상에 어떠한 영향을 미쳐야 하는지 일깨워 준다.

성경의 본질이 철저히 선교적임을 고려할 때, 이러한 선교적 요소들을 발견하고 (성령의 일하심을 통해) 우리의 선교적 삶과 상황에 성경을 적용하는 일에 활기를 불어넣고, 정보를 제공하는 역할을 하는 성경의 잠재력을 깨달을 수 있도록 해 주는 적절한 성경 읽기의 방식을 추구하는 것은 당연하다.

선교적 해석학 강의를 시작할 때 나는 종종 학생들에게 선교와 관련된 성경 구절을 찾도록 제안한다. 답변은 공통적으로 마태복음 28 장, 사도행전 1 장, 창세기 12 장, 시편 67 편, 요나서 그리고 계시록 7 장과 같은 구절들을 포함한다. 이 선택들에 동의하지만, 동시에 나의 주된 관심은 학생들이 하나님의 선교에 대한 이해와 참여에 대한 정보를 성경 전체로부터 얻어낼 수 있음을 인식하도록 돕는 것이다. 진실로 나는 선교적 해석학이 몇 개의 잘 알려진 (물론 중요한) 구절뿐만 아니라 성경 전체라는 깊은 물에서 물을 길어 마시라는 즐거운 초청으로 생각한다.

선교적 해석학의 논의에 대한 평가

지난 수년간 나는 선교적 해석학이 발전되어 온 방식과 미래에 어디로 향할지에 대해 많은 생각을 해왔다. 이 논의 과정에서 좋은 것들이 많이 나왔다. 선교학자와 선교사들이 성경학자들과 대화를 나누며 그 과정에서 서로에게 본문의 풍성함과 선교 현장에서 본문이 살아 움직이는 풍부한 방식에 관심을 가지도록 환기시키는 것을 보는 것은 즐거운 일이다. 구약 학자인 나는 선교적 해석학의 접근법이 선교에 관한 논의에서 구약의 자리를 다시 찾도록 하는 것을 즐겁게 관찰해 왔다. 선교적 해석학은 또한 익숙한 본문을 새롭게 읽을 힘을 줄 뿐만 아니라 선교적이 아니거나 선교적으로 읽기 어렵다고 여겨왔던 본문을 새롭게 읽도록 독자들을 돕는 훌륭한 도구임을 증명했다.[4] 욥기에 대한 나의 연구가 이러한 점을 보여 주는 데 도움이 된다고 생각한다. 나는 욥기를 선교적으로 접근하는 유익을 나의 학문적인 연구뿐만 아니라 내가 연구결과를 발표한 선교 기관이나 교회 등의 여러 사역 현장에서도 목격했다. 예를 들어, 욥기는 하나님께서 인간의 고통을 심각하게 생각하신다는 것을 보여 주며 우리의 고통(그리고 다른 사람들의 고통)을 하나님 앞에서 솔직하게 표현하는 법을 알려 준다. 그리고 가난과 불의(예를 들면 욥기 24 장)의 문제로 우리에게 도전하며 하나님과 인간의 관계에 관한 참된 본질을 탐험하게 한다. 욥기는 쉽게 답을 주는 책은 아니지만, 우리를 하나님의 지혜와 선하심으로 이끄는 희망의 책이다.

선교적 해석학의 대화에 참여하고 경청하면서 나로 하여금 지난 수년간 주목하게 하는 몇 가지가 있다. 자주 물어오는 질문은 지금 제안되는 것에 실제로 새로운 것이 있느냐는 것이다. "이것은 그저 좋은 성경신학이 아닌가?"라고 의문을 제기할 수도 있다. 이에 대한 나의 응답은 선교적 해석학이 책임 있는 성경신학을 하고자 하는 깊은 열망이 있다는 의미에서 "그렇다"이다. 그러나 이 접근법에는 성경신학이 전형적으로 하려고 하는 것을 뛰어넘는 전혀 다른 차원이 있다. 우리가 한 본문의 선교적 기원이나 목적을 어떻게 이해하는가 하는 질문들, 그리고 이러한 질문들과 또 다른 질문들이 선교 실천에 어떠한 정보를 제공할 수 있는가 하는 것이 이러한 추가적인 차원의 예라고 할 수 있겠다.[5]

또 다른 비평은 선교적 해석학에 대해 공식적으로 출판된 논의에서 다양성이 부족하다는 점이다. 예를 들어 특별히 초창기에 이 논의는 서구 남성들에 의해 주도되었다. 이것은 논의를 위한 대부분의 활동이 북미에 근거를 둔 학회들의 연례 모임에서 이루어졌기 때문이다. 그런 학회에 참여하려면 기관으로부터 일정 수준의 지원(예를 들면 역할, 재정지원, 시간 등)이 필요하다. 그리고 이것과 관련한 또 다른 문제는 누가 출판 계약을 얻어낼 수 있느냐는 문제이다. 또한 나는 선교적 해석학의 논의가 주로 학문적 영역에 머물러 있다고 생각한다. 비록 학자들이 자주 교회와 선교에 헌신하며 참여하는 데 열정을 갖고 있다고 하더라도 말이다. 따라서 나의 질문은 선교적 해석학이 학문의 영역을 넘어서 현장 사역에 충분한 영향을 끼쳐왔느냐 하는 것이다.

미래를 바라보며

지금까지 선교적 해석학의 논의가 주는 몇 가지 유익과 제기되는 질문들을 다루어 보았다. 이제 나는 미래를 바라보며 선교적 해석학 안에서 벌어지고 있는 몇 가지 경향을 살펴보고, 이것들이 앞으로 이어질 논의에 어떠한 의미가 있는지를 이야기하고자 한다.

본문의 다양성

선교적 접근법을 다양한 성경 본문에 적용하려는 출판물들이 매년 점점 더 많이 나오고 있다. 이러한 일이 지속됨에 따라 우리는 이전의 선교적 대화에서 주목받지 못했던 본문들을 포함한 더욱 다양한 본문들이 선교와 연결되어 있음을 보게 될 것이다.

목소리의 다양성

나는 더 다양한 목소리들이 선교적 해석학의 논의에 참여하는 것을 목격하고 이로 인해 매우 기쁘다. 더 많은 여성들이 이 영역에서 출판을 하고 있고 세계의 교회들을 더 잘 대변하는 연구들이 출판되고 있다. 나와 마이클 고힌(Michael Goheen)이 작성했던 원본 목록에 기초해서 지금 진행되고 있고 늘어나고 있는 선교적 해석학 참고문헌을 수집 및 정리하는 것을 통해서 나는 이러한 움직임들을 포착하려 해왔다.[6] 전도서의 선교적 읽기에 대한 논문을 준비할 때, 흥미롭게도 나는 북미와 유럽 밖의 학자들이 이 분야에서 가장 중요하고 주의를 끌 만한 생각을 하고 있다는 것을 발견했다. 그들은 타락한 세상에서 우리의 삶과 선교가 직면하고 있는 필요, 급박함, 그리고 복잡성에 더 귀를 기울이고 있는 듯했다.[7] 이것은 또다른 경향으로 우리를 이끈다.

주제의 다양성

선교적 해석학의 발전은 전 세계교회가 함께 하는 작업이 되어야 하는데, 이는 다양한 문화적 배경을 가진 사람들이 본문의 다른 측면을 보게될 것이고 다른 질문들과 관심사들을 제기할 것이기 때문이다. 선교적 해석학 발전의 다음 단계는 성경 본문의 선교적 읽기를 다양한 논제들과의대화 안에서 수행하는 것이다. 나는 이 일을 이주의 문제나 위험에 처해있는 아이들의 문제들과 관련지어 연구하고 있다(Davy 출간 예정). 또 다른 예는 선교적 읽기를 장애 연구, 트라우마 연구들과 같은 다른 관점들과결합하는 것일 수 있다.

적용의 다양성

앞으로 집중해야 하는 마지막 과제는 선교적 읽기의 통찰이 타문화권선교에서 일하는 사람들과 교회에 더 널리 알려지고 접근 가능하게 되는것이다. 간단히 말하면, 학자들은 이 아름다운 보물을 우리 안에만 간직할수는 없다는 것이다. 선교적 해석학은 교회에 자양분을 공급하는 일을 의도적으로 더 노력해야 한다.[8] 그리고 이것은 선교 활동에 종사하는 사람들이 단순히 선교적 해석학의 결과만 받아들이는 것이 아니라 스스로 선교적 읽기를 함으로써 선교적 해석학이 어떻게 이루어지는지 실제로 만들어가는 양방향의 대화가 되어야 한다.

나가는 말: 즐거운 초청

결론적으로 나는 즐거움과 초청이라는 주제로 돌아가고자 한다. 선교적 해석학의 논의는 지난 20-30년간 많은 열매를 맺어 왔다. 이제 선교적 해석학을 성경을 읽는 접근법으로 사용하는 우리 모두 앞에 또 다른 초청이 놓여있다. 우리는 성경을 선교적으로 읽고 있는 더 넓고 많은 공동체와 함께 나누고 경청하고 배울 준비가 되어 있는가? 만약에 그렇다면, 우리가 하나님의 선교에 지속적으로 참여함에 있어서, 이 선교적 해석학에 관한 대화가 교회를 지속적으로 성정시키고 축복할 것이라고 확신한다. 이 얼마나 큰 즐거움이겠는가!

팀 데이비, 2023년 9월

2

선교적 성경 읽기, 21세기 교회를 위한 새로운 틀

선교적 성경 읽기, 21세기 교회를 위한 새로운 틀

임태순

들어가는 말

그의 영혼 속 깊숙이 숨겨져 있던 그 자신의 비참한 모습이 눈앞에 스크린처럼 드러나고, 폭우 같은 눈물이 쏟아지기 시작하였습니다. 하나님 앞에 자신이 추구했던 모든 것들을 끄집어내어 놓으니, 그것이 모두 헛된 것이며, 수치스러운 것이라는 생각이 들자, 그는 주체할 수 없는 슬픔에 사로잡혀 통곡하였습니다. '나는 왜 나의 더러운 생활을 이 순간에 깨끗이 끝내지 못합니까?' 그때 갑자기 이웃집에서 한 음성이 들려왔습니다. 소년인지 소녀인지가 구별되지 않았지만, "*tolle lege, tolle lege*"(집어서 읽어라!)라고 들렸습니다. 어린아이들의 목소리는 마치 그에게 하늘로부터의 명령처럼 생각되었습니다. 그는 바울의 서신을 펴 들고 제일 먼저 눈에 띄는 곳을 읽었습니다. "낮에와 같이 단정히 행하고 방탕하거나 술 취하지 말며 음란하거나 호색하지 말며 다투거나 시기하지 말고 오직 주 예수 그리스도로 옷 입고 정욕을 위하여 육신의 일을 도모하지 말라"(롬 13:13-14). 이 말씀은 광명한 확신의 빛으로 어거스틴의 폐부를 찌르는 듯이 박혀 들어갔습니다. 이제는 더 이상 버틸 수가 없었습니다. 폭풍은 지나가고 은밀한 정적과 평화가 그의 온몸에 가득하였습니다. 그의 오랜 방황이 종착역을 찾는 순간이었습니다.[1]

회심 순간에 대한 어거스틴의 고백적 기록 내용 중 일부다. 어린아이가 놀면서 부른 간단한 노래를 통해 어거스틴은 "성경을 읽어라"는 하나님의 음성을 듣게 되었고 성경을 펴서 읽었는데 로마서 13:13-14 말씀이었다. 성경을 읽으면서 기적 같은 변화를 경험한다. 이전의 타락된 삶이 종식되고 새로운 삶이 시작되는 순간이었다. 어거스틴의 회심은 바울의 회심과 함께 기독교 역사를 바꾼 가장 중요한 사건으로 평가된다.[2] 어거스틴의 이 경험은 성경 읽기가 얼마나 놀라운 영향력을 갖는지 보여 준다. 서구 기독교는 이 성경 읽기 위에 세워졌다.

그런데 1,500여 년 뒤, 레슬리 뉴비긴(Lesslie Newbigin)은 전혀 다른 목소리를 들려준다. 서구 사회는 언제부턴가 성경을 읽지 않게 되었다. 성경은 오래된 신화이며 현대적 삶과는 무관한 고루한 이야기로 치부되었다. 뉴비긴은 성경 읽기를 잃어버린 서구 교회 상황에 대해 탄식한다.

> 안타깝게도 유럽은 그런 상황이 아님을 우리는 잘 알고 있습니다. (성경은 넘쳐나지만 읽히지 않고 있죠.) … 성경은 좋은 소식으로 인식되고 있지 않습니다. 저는 인도에서 사역했습니다. 전쟁 중에 성경 보급이 잘 이뤄지지 못하는 시기가 있었는데, 성경을 찾는 사람들이 너무 많아 한동안 암시장에서 거래되기도 했습니다. 은퇴 후 고국으로 돌아와 영국 버밍햄의 도심의 교구에서 일했는데, 전혀 다른 상황이었습니다. 그곳 사람들은 성경을 "냉소적인 경멸"(with cold contempt)의 눈으로 바라봅니다. 성경은 그들에게 더 이상 좋은 소식이 아닙니다. 새로울 것이 없는 이야기이고 우리의 문제와 아무런 관련이 없는 아주 오래된 이야기일 뿐입니다.[3]

선교적 성경 읽기는 급격히 복음적 영향력을 상실하고 있는 서구 상황에 대한 해결책으로 제시된 새로운 성경 읽기 방식이다. 개인적 회심을 경험하고 더 나아가 서구 기독교 문명의 토대를 세웠던 어거스틴의 성경 읽기 회복을 지향한다. 이를 위해 선교적 성경 읽기가 제시하는 핵심 키워드는 '거대 내러티브로 읽기'와 삶의 정황을 담아내는 '현장적 읽기'이다. '거대 내러티브로 읽는다는 것'은 창조주이며 역사의 주관자이신 하나님이 들려주는 '하나님의 선교' 이야기로 성경을 읽는 것이다. 한편 '현장적 읽기'란 성경을 읽으면서 하나님의 백성이 처한 (오늘의) 구체적 상황 속에서 말씀하시는 하나님과 만남을 의미한다. 이런 점에서 선교적 성경 읽기는 특정 본문에 집중해 그 본문의 기록 당시 의미를 엄밀한 비평적 방법을 통해 추출하던 기존의 성서연구와는 전혀 다른 방향성을 추구한다.

선교적 성경 읽기는 거대 내러티브로 읽기와 현장적 읽기라는 두 흐름을 담아내는 그릇으로써 '선교적'이란 형용사를 사용한다. 여기서 **'선교적'**(missional)이란 말은 두 가지 의미를 담고 있다. 하나는 '(삼위일체) 하나님의 선교'이다. '미셔널'은 영혼구원과 교회개척을 중심으로 행해지는 선교사역(missions)을 의미하는 '미셔너리'(missionary) 대신, 선교가 하나님의 선교임을 강조하기 위해 만들어진 새로운 단어다. 즉, 선교적 성경 읽기란 '하나님의 선교' 이야기로 성경을 읽겠다는 의미이다. 다른 하나는, '교회가 하나님에 의해 세상 속에 보내신 선교적 존재'라는 의미를 담고 있다. '미셔널'이란 용어에는 세상 속에서 하나님의 선교를 수행하도록 보내진 존재로서 살아가는 선교적 백성, 즉 '선교적 교회'를 의미한다. 즉, 선교적 성경 읽기는 선교적 교회가 수행하는 성경 읽기로 발전될 개연성을 갖고 있다.

본 소고는 '선교적 성경 읽기'에서 '선교적'이란 말이 덧붙여진 이유가 무엇인지, 그리고 '선교적' 읽기가 기존의 성경 읽기와 어떻게 다른지 설명하고자 하는 의도에서 쓰였다. 한편 교회가 급격히 붕괴하고 있는 서구적 상황의 산물인 '선교적 성경 읽기'가 서구와 전혀 다른 상황 가운데 있는 비서구 지역 교회들(한국교회 포함)에게도 유용한 성경 읽기 방식인지 논의를 할 것이다. 세계화된 오늘날의 기독교 시대는 새로운 성경 읽기를 요구하고 있는데, 과연 선교적 성경 읽기가 이 새로운 상황에 적합한 새로운 성경 읽기 방식으로 자리 잡을 수 있는지 살펴보고자 한다.

선교적 성경 읽기와의 만남: 필자의 경험

본격적인 논의에 앞서 우리가 왜 선교적 성경 읽기에 관심을 가져야 하는지에 대해 필자의 개인적 경험을 통해 설명하고자 한다. 한국인으로 나의 성경 읽기는 서구의 성경 읽기와 다르다. 그리고 이 차이는 서구에서 왜 선교적 성경 읽기가 논의되었는지를 엿보게 한다. 절친한 동료였던 H 선교사와 있었던 일화가 도움이 될 것 같다.

> 스티브, 말씀을 지나치게 자기 경험에 비추어 해석하는 것은 조심해야
> 하지 않을까? 오늘 말씀을 들으면서 그 부분에서 조금 불편했어.

금요 팀 모임에서 필자가 나눈 말씀에 대한 H 선교사의 반응이었다. 팀 내에서 늘 스스럼없이 자유롭게 의견을 나누는 사이이기는 했지만, 설교로 나눈 말씀에 대해 이견을 표현하는 것은 왠지 생소했다. 그날 필자는 마가복음 5장의 거라사 광인 이야기를 나눴었다. 대학 캠퍼스에서 무슬림 학생들에게 전도하면서 만난 (전도에 방해가 되었던) 이상한 상황들을 설명하면서 이것들을 갈릴리 호수에서 예수님과 제자들이 만났던 광풍과 비교했다. 바람과 파도에 대한 예수님의 꾸짖음은 그 배후에 있던 악한 영에 대한 것이었고, 필자가 캠퍼스 전도를 하면서 만난 이상한 현상들 역시 악한 영의 방해라는 나의 확신을 설명했다. 사역 현장에서 깨달은 말씀을 적절하게 잘 나눴다고 생각했다.

그런데 H 선교사의 생각은 달랐다. 나의 생각이 너무 강조된 자의적 해석이라는 것이다. 주관적 경험에 비추어 말씀을 해석하는 내 모습이 독일의 유명 신학교를 졸업한 H 선교사 눈에는 생소했던 모양이다. 아시아인으로서 사역현장에서의 깨달음에 기초해 성경을 이해하는 것이 자연스러운 것과는 달리, 유럽인인 H 선교사는 본문 자체를 벗어나는 것을 힘들어했다. 성경 읽기 방식에 있어서 차이가 존재함을 어렴풋이 느낄 수 있었다. 어쩌면 필자는 이때부터 성경을 '선교적'으로 읽는다는 것에 대한 질문을 갖게 되었는지 모른다.

필자가 선교적 성경 읽기라는 용어를 처음 접한 것은 '선교적 교회'에 대해 강의하면서였다. 선교적 교회 논의는 서구(유럽) 교회의 급격한 붕괴 상황 가운데 그 해결책을 찾는 과정에서 나온 교회론이다. 이 논의에 참여하는 학자들은 서구 교회가 급격하게 침체한 배경을 교회가 선교적 본질을 잃어버렸기 때문으로 본다. 천년 넘게 사회 전 영역이 기독교화되어 있던 서구 상황에서 믿지 않는 사람들을 주께 인도하는 교회의 선교적 사명은 논의될 필요가 없었다. 목회적 면이 더 중요했다. 자연스럽게 교회의 선교적 본질은 잊혀졌고, 선교는 선교단체와 그들이 파송한 선교사들이 먼 외국, 교회가 없는 지역에서의 복음전도와 교회개척으로 이해되었다. 그런데 교회가 쇠퇴하고 서구 사회가 선교지로 변화되면서 상황이 바뀌었다. 교회의 선교적 본질을 되살리는 것이 중요한 과제가 된 것이다. 잃어버린 '선교적 본질을 회복하자'는 운동이 바로 선교적 교회 논의다.

그런데 교회의 선교적 본질 회복을 논의하는 과정에서 성경을 선교적으로 읽어야 한다는 사실을 발견한다. 성경 전체는 하나님이 역사 속에서 행하신 (하나님의) 선교에 관한 기록이다. 따라서 성경을 세상 가운데서 하나님의 선교를 감당하는 선교적 공동체의 이야기로 읽어야 한다. 필자는 이 새로운 성경 읽기 관점을 다음 두 학자의 책으로부터 배웠다. 하나는 마이클 고헌(Michael Goheen)이 쓴 『열방의 빛을: 온 세상을 향한 하나님의 선교 이야기』다. 이 책의 (영어) 부제는 "선교적 교회와 성경 이야기" (*The Missional Church and the Biblical Story*)인데, 선교적 교회 논의를 위해서는 반드시 선교적 성경 읽기가 전제되어야 함을 보여 준다. 다른 하나는 크리스토퍼 라이트(Christopher Wright)의 책 『하나님의 선교: 하나님의 선교 관점으로 성경 내러티브를 열다』였다. 선교적 교회에 대한 언급은 없지만, 하나님의 백성 공동체가 어떻게 하나님의 선교에 참여하는가를 구약을 통해 보여 주고 있다. 라이트는 구약학자로서 선교적 성경 읽기 논의가 성경 전체의 내러티브로 확장하는 데 중요한 기여를 했다.

2021년 가을 학기 아신대 국제대학원(Acts International Graduate Studies)의 선교학 박사과정에서 '선교적 해석학'(Missional Hermeneutics)을 강의할 기회가 있었다. 이때 사용한 주교재가 고헌 교수가 편집한 *Reading the Bible Missionally*(2016)였다.[4] 이 책에 실린 선교적 해석학 논의를 이끄는 대표적인 학자들의 논문들을 읽으며 선교적 해석학에 대한 다양한 견해들을 볼 수 있었다. 특히 이 책 1장은 고헌 교수가 쓴 '선교적 성경 읽기의 역사와 소개'였는데, 선교적 성경 읽기 논의가 어떤 과정을 통해 진행되었으며 주요 쟁점들이 무엇인지 잘 설명했다. 2022년 말에는 지엘포커스(GLFocus) 선교 공부방 프로그램으로, 한인 선교사 10여 명과 선교적 성경 읽기 세미나를 진행했다. 타문화 선교사로서 선교적 성경 읽기 방식을 어떻게 이해하며 과연 우리의 선교지에 이 읽기 방식의 적용이 필요한가에 대해 다양한 논의를 할 수 있었다.

서구와 전혀 다른 상황 속에 있는 비서구 교회들에게 적용되기 위해서는 먼저 다양한 비판적 검토가 필요하지만, 일련의 세미나들을 통해 필자는 선교적 성경 읽기가 21세기의 세계화된 기독교 상황에 맞는 새로운 성경 읽기의 대안이 될 수 있지 않을까 하고 느꼈다.

이전의 성경 읽기와 무엇이 다른가?

선교적 성경 읽기는 새로운 읽기 운동이다. 그렇다면 이전의 성경 읽기와 어떻게 다른가? 가장 중요한 차이점은 성경을 '하나님의 선교'라는 거대 내러티브로 읽는다는 것이다. 근대 성서연구의 초점이 성경 본문의 기록 당시의 의미를 객관적으로 추출하는 데 있었고 이를 위해 각 본문에 관한 엄격한 분석적 접근을 강조한 반면, 선교적 성경 읽기는 성경 전체를 꿰뚫는 주제를 강조한다. 이 관점을 통해 각 본문들을 읽으려 한다. 다음 설명들이 이 차이점을 이해하는 데 도움이 될 것이다.

1. 누가복음 24 장에 대한 새로운 해석

라이트는 그의 책『하나님의 선교』서두에서 부활 후 제자들과 가졌던 예수님의 특별 사경회에 관해 설명한다. 이 사경회에서 예수는 성경(구약)을 읽는 두 개의 큰 틀을 제시했다. 하나는 '메시아적' 읽기였고 다른 하나는 '선교적' 읽기였다. 그런데 '메시아적'(또는 구속적) 읽기는 어느 정도 유지했지만, 후자의 관점인 '선교적' 읽기는 무시되어 온 면이 있다.

> 누가는 이 말과 함께 예수님이 "그들의 마음을 열어 성경을 깨닫게 하시고"라고 기록한다. 달리 말하면, 그들의 해석학적 방향과 의제를 설정하고 계셨다고 말할 수 있다. 즉 십자가에 달려 죽으시고 부활하신 예수님의 제자들이 성경을 제대로 해석하는 방법은 **메시아적**(messianic)으로, 그리고 **선교적**(missional)으로 해석하는 것이다. 바울은 부활의 날 예수님이 하신 구약 해석학 강의를 직접 듣지는 못했지만, 부활하신 예수님과 만나고 예수님을 메시아와 주로 인식함으로써 자신의 성경 해석 방식이 근본적으로 바뀌었음을 분명히 알게 되었다. 그의 해석학은 이제 동일한 이중적 초점을 지니게 되었다. … 이방인에게

메시아 예수를 전하는 사도였던 바울은 평생토록 성경에 대해 이러한 이중적 이해를 지니고 있었다. 그러나 그 후 수십 세기를 내려오면서, 그리스도인들은 구약을 메시아적으로 해석하는 일은 잘했지만, 선교적으로 해석하는 일은 제대로 못했다고 (때로는 그 점에 대해 전혀 이해하지 못했다고) 말해도 무방하다. … 우리는 '성취된 메시아적' 예언이 무엇인지 죽 나열하는 것으로 그칠 뿐 그 이상으로 넘어가지 못한다. 그것은 메시아의 선교적 의미를 파악하지 못했기 때문이다.[5]

부활 후 제자들과의 만남을 예수님의 해석학 강의로 이해한 것이 신박했다. 그리고 성경을 '메시아적'(messianic)으로 읽을 뿐 아니라 '선교적'(missional)으로도 읽어야 하는데, 이후 교회가 '선교적' 관점을 잃어버렸다는 설명은 충격적이었다. 붕괴적 상황 가운데 있는 서구 교회뿐 아니라 세계 모든 교회가 주님이 강조한 이 '선교적' 성경 읽기 방식을 회복해야 하는 도전 앞에 서 있다.

2. 비평적 성경 읽기와의 대조

'선교적' 성경 읽기가 이전의 성경 읽기와 어떻게 다른가를 볼 수 있는 또 다른 방법은 근대 비평적 성서연구와 비교하는 것이다. 먼저 '선교적' 관점으로 성경을 읽는 것에 대해 대다수의 성서신학자들은 동의하지 않는다. 그들은 '선교'라는 안경을 쓰고 성경 읽는 것을 거부하기 때문이다.[6] 전통적 성서신학은 가능하면 성경 본문과 본문이 기록될 당시의 시대적 상황에 입각해 어떤 선입견도 배제하고 엄격하게 텍스트가 전하고자 하는 메시지의 파악을 추구해왔다. '선교'라는 선입견을 갖고 성경 본문을 대하는 것 자체가 용납되기 어렵다. 아래 도표는 고힌 교수가 제시한 '선교적 성경 읽기'에 대한 선교학자와 성서신학자 사이의 관점 차이를 표로 정리한 것이다.[7]

주제	성서학자들의 비판	선교학에서의 반응
선교 개념 이해	선교 현장, 영혼구원과 교회 개척 강조 – 엄밀한 신학적 연구에 대해 미온적	'missio Dei' 개념을 통해 신학적 관점에서 선교를 설명 – 신학적 토론의 가능성
실천신학으로서 선교학의 한계	선교현장 지지를 위한 성경연구 – 역사적 객관적 성경연구 한계(학문적 엄밀성 미비)	선교와 신학의 통합 – "선교적 신학" 주장
선교학자의 문제 제기	선교적 정당성 확보 관점에서 성경을 접근	엄격한 학문성, 성경이해의 객관성 미흡 '선교적'으로 읽되 성서학의 연구 결과를 수용, 학문성과 실용성의 통합을 지향
Christendom 의 문제	서구 교회의 경우, 사회 전체가 기독교화된 상황에서 굳이 선교적 관점 필요하지 않았음	20세기 후반 서구 기독교의 급격한 쇠퇴 선교적 해석의 필요성 제기됨

　　기존의 비평적 성경 읽기는 본문에 대한 객관적 이해를 강조하는 것에 비해, 선교적 성경 읽기는 '하나님의 선교'라는 거대 내러티브의 관점에서 성경 읽기를 지지한다. 성경이해에 있어서 엄격한 학문성보다는 삶의 현장 가운데 실제로 역사하는 하나님의 음성으로 성경을 읽으려는 경향이 있다. 성경 본문은 하나님의 백성이 당시 상황 속에서 하나님의 선교에 참여하면서 일어난 일들의 기록이며, 유사한 상황 속에서 오늘날 하나님의 선교에 참여하는 백성은 이 말씀을 통해 하나님의 음성을 듣는다. 이를 통해 기록 당시의 백성들과 동일한 경험에 들어갈 수 있다고 믿는다.

　　한편 기존의 엄밀한 비평적 성경연구는 성경을 통해 오늘날에도 자신의 백성에게 말씀하시는 하나님을 배제했고, 이로 인해 성경 읽기는 더 이상 하나님의 살아있는 말씀을 듣는 창구가 될 수 없었다. 당연히 교회는 서서히 성경 읽기로부터 멀어지게 되었고, 그 결과 서구 교회는 붕괴의 과정으

로 들어서게 되었다. '선교적' 관점에 기초한 성경 읽기가 중요한 이유가
여기에 있다.

3. '데오(신적) 드라마'(Theo-Drama)에서 배우의 읽기

선교적 성경 읽기가 기존의 성경 읽기와 다른 점을 보여 주는 또 다른
예는 조직신학자인 밴후저(Kevin Vanhoozer)의 '데오 드라마' 비유다. 그
는 이 세상의 역사를 하나님이 만드시는 드라마로 이해한다. 성경은 이 드
라마가 어떻게 전개될 것을 보여 주는 대본이며, 하나님의 백성은 이 대본
을 읽고 (역사의) 무대 위에서 하나님의 드라마를 상연하는 배우다. 그러
므로 하나님의 백성이 성경을 읽는 이유는 그것을 쓴 저자(하나님)의 의도
를 파악해 이를 세상 가운데서 살아내기 위함이다.

다시 말하면 하나님 백성의 '선교적 성경 읽기'는 다음 두 가지 방향성
을 갖는다. 먼저, 저자(성부)이신 하나님의 의도를 파악해야 한다. 배우인
교회는 성경 읽기를 통해, 세상을 창조하신 목적과 타락한 세상을 어떻게
회복할 것인가에 관한 하나님의 계획을 이해하고, 이 계획이 역사 가운데
실현되도록 하기 위해 (하나님의 선교에) 참여하는 존재로서 자신의 정체
성을 발견한다. 그러나 교회가 성경을 읽는 이유는 저자의 의도 파악과 자
신의 (선교적) 정체성 발견이 전부가 아니다. 이제 그 스토리를 무대(구체
적 상황) 위에 드라마로 구현해내야 한다. 연출자(성령)의 구체적인 지도
하에 배우(교회)는 무대 위에서 관객들이 볼 수 있는 장면들을 공연해 내
야 한다. 관객의 공감과 감동을 이끌어 내며, 이를 위해 성경의 거대(하나
님의 선교) 내러티브를 관객들의 언어와 문화로 번역하고 상황화해야 한
다.

드라마 비유는 선교적 성경 읽기의 두 면을 잘 보여 준다. 하나는 하나
님의 선교라는 거대 내러티브로 읽는 것이고, 다른 하나는 세상이 하나님

의 의도에 반응하도록 하나님의 선교 이야기를 무대 위에서 (자신의 삶으로) 상연하며 이를 통해 관객들을 감동시키는 것이다. 다시 말하면, 선교적 성경 읽기는 성경을 '하나님의 거대 내러티브'로 이해하는 과정이며 동시에 이 '하나님의 선교 이야기'를 구체적 상황 속에서 살아내고 세상의 변화로 연결시키는 실천의 장(場)이기도 하다.

선교적 성경 읽기 운동이 일어나게 된 배경: 역사적 고찰

선교적 성경 읽기에 대한 역사적 전개 과정을 위에서 언급한 고힌 교수의 설명을 중심으로 정리할까 한다.[8] 고힌 교수는 선교적 관점에 의한 성경 읽기에 대한 성서학자들의 거부감에도 불구하고 성서학 연구에 '선교적' 관점을 통합하려는 긍정적인 징조들이 나타나고 있다고 주장하면서 그 배경으로 다음 네 가지를 제시한다.

1. 서구 기독교의 실패와 성서학 연구의 비판적 자기 성찰

서구 교회는 신앙의 개인화, 교회의 영향력 축소, 그리고 서구 사회의 세속화 등으로 인해 급격하게 쇠퇴해 왔다. 성서학 연구의 엄청난 발전에도 불구하고 일반 성도들은 성경을 거의 읽지 않는다. 왜 이런 일이 벌어진 것일까? 뉴비긴은 학자들의 엄밀한 성경연구가 오히려 일반인들의 성경 읽기를 저해했다고 평가한다. 이 역설을 극복하기 위한 방안으로 제시된 것이 바로 '선교적' 성경 읽기라 할 수 있다.

> 아마도 선교적으로 성경을 읽도록 자극하는 가장 중요한 요소는 서구 문화 속에서 교회의 변화하는 환경일 것이다. 서구 문화에 대한 복음과 기독교 신앙의 영향력은 계속 감소하고 있으며, 교회는 이전의 영

향력을 잃고 있다. 서구 교회는 선교적으로 바뀌지 않을 수 없는 상황으로 점점 내몰리고 있다. 신(新)이교도 문화가 지배하는 사회 속에서 교회는 문화적으로 자신의 자리를 잃었다. (교회는 본질적으로 항상 선교적 환경에 위치하고 있었지만) 서구 교회는 부인할 수 없는 선교적 상황에 처하게 되었다. 이 요구는 무시할 수 없을 정도로 분명해졌고 강렬해졌다.[9]

2. 선교에 대한 새로운 이해

선교학에서의 선교에 대한 새로운 이해가 '선교적 성경 읽기'의 길을 열어 주었다. 이전에는 선교를 교회가 없는 지역에서의 전도나 교회개척을 의미했으나 새로운 선교 이해는 이를 넘어섰다. 특히 1950년대 초 대두된 '하나님의 선교' 개념을 통해 선교는 삼위일체 하나님의 사역으로 이해되었고, 선교의 범위도 전체 피조세계와 열방의 회복으로 확대되었다. 선교를 성경 전체를 관통하는 거대 내러티브(grand narrative)의 핵심 주제로 이해하게 된 것이다. 선교를 '삼위일체 하나님의 선교'로 이해함으로써 선교학과 성서신학 사이의 대화를 위한 신학적 토대를 마련되었다.

3. 성서신학 내부의 변화들

선교적 성경 읽기를 가능케 한 또 다른 변화는 성서학자들 내부의 변화들이다. 성서학자들이 선교적 성경 읽기를 지지하게 된 몇 가지 중요한 변화들은 다음과 같다.

1) 텍스트 연구의 중립성, 가치 객관성 신화의 붕괴다. 포스트모더니즘 상황에서 '역사-비평적'이며 '원자론적' 성경연구 방법론은 그 정당성을 잃고 있다. 본문이 기록되던 당시 상황의 완전한 재현은 본질적으로 불가능하기 때문에, 오히려 전체 성경 이야기를 이끄는 거대 내러티브로 성경을

읽어야 한다는 의견이 힘을 얻고 있다.

2) 모든 해석은 상황성의 산물이란 인식이다. 모든 해석은 독자가 처한 상황성의 영향을 받게 되며 결국 편견이 완전히 배제된 객관적인 해석은 본질적으로 불가능하다. 성경을 '선교'라는 선이해(편견)를 갖고 접근하는 것도 정당한 이해의 방식이다. 거대 내러티브로서 '선교'라는 틀을 전제하고 성경을 읽는 것이 가능해졌다.

3) 성경 전체에 대한 통시적 성경연구에 대한 시도들이다. 성경 전체를 관통하는 특정 관점으로 성경을 이해하려는 연구가 늘고 있다. 조직신학자 밴후저(Kevin Vanhoozer)는 성경 전체를 '신적인 드라마'(theo-drama)로 보고 조직신학 체계를 재정립했고, 그레고리 비일(Gregory Beale)은 성경 전체를 성전의 회복 이야기로 설명한다. 신약학자인 보컴(Richard Bauckham)은 그의 책 『성경과 선교』에서 성경 전체를 하나님의 선교 이야기와 하나님 백성의 선교 참여 이야기로 설명한다.

4. 성서학자들의 '선교적' 대화 참여 확대

성경을 '선교적' 관점에서 읽어야 한다는 주장에 공감하는 성서학자들이 초기부터 선교적 교회에 관한 대화에 참여했고, 이들을 중심으로 선교적 성경 읽기에 대한 논의가 진행되어 왔다. 선교적 성경 읽기 발전 과정을 이해하기 위해 이 부분은 좀 더 자세히 살펴보자.

이 대화의 최초 개척자는 요하네스 블라우(Johannes Blauw)라 할 수 있다. 그는 세계교회협의회(WCC)의 연구 의뢰를 받아 1930-50년대 (30년간의) 성서신학자들의 선교 관련 논문들을 분석했다. 그 결과가 바로 『교회의 선교적 본질』(*The Missionary Nature of the Church*, 1961)이다.

나에게 주어진 과제는 '선교사역의 성경적 신학'이었다. 내가 이해하는 바로는, 이것은 선교사역이라는 개념을 성경이 우리에게 가르치고 있는 것과 가능한 한 밀접하게 관련시키는 것을 의미한다. … 이는 우리가 우리의 길을 비추는 하나님 말씀의 빛을 놓치지 않기를 원하기 때문이다.[10]

그러나 블라우의 연구는 성서학에서의 선교연구에 국한되어 있었기 때문에, 선교학과 성서학의 통합과는 아직 거리가 있었다. 이 둘의 통합은 여러 해 뒤에 데이비드 보쉬에 의해 본격적으로 논의되었다. 신약학자이면서 동시에 선교학자였던 보쉬는 자신의 책 『변화하는 선교』에서 선교신학 영역만이 아니라 선교적 해석학에 있어서도 패러다임의 전환이 필요함을 역설하면서, 선교적 관점에서 연구해야 하는 여러 성서연구 주제들을 제시했다.

몇 가지의 핵심적인 주제들을 중심으로 그는 선교적 해석학을 설명한다. 그 주제들은 다음과 같다. 성경 메시지의 중심 추진력으로서의 선교, 미시오 데이(mission Dei)의 중심성, 다양한 신약 성경 저자들에 의해 제시된 선교 신학은 모두 예수의 선교에 뿌리를 둠, 교회의 선교적 정체성, 하나님 나라의 포괄적인 구원의 중심으로서 광의의 선교, 선교의 공동체적 차원, 그리고 신약성경에 제시된 초기 기독교의 선교적 패러다임을 오늘날의 상황에 진실되게 적용하게 하는 '일치' 또는 역사적 논리의 해석학 등이다.[11]

선교적 성경 읽기가 새로운 운동으로 발전하는 과정에서 가장 중요한 기여를 한 지도자는 레슬리 뉴비긴이다. 그는 복음이 세상을 향한 기쁜 소식으로서의 본질을 회복하기 위해서는 성경을 '선교적'으로 읽어야 한다고 주장했다. 성경은 피조세계 전반의 회복을 향해 일하시는 '하나님의 선교'에 대한 기록이며, 성경 읽기는 지금도 이 세상 가운데서 일하시는 하나님의 선교에 참여하는 과정이 되어야 한다고 역설했다.

> 우리가 성경 전체를 온전한 정경으로 인정한다면, 마땅히 그래야 하겠
> 지만, 성경 기록 전체를 최고의 역사로 이해되어야 한다. 보편적이고
> 우주적인 역사 이야기이다. 그것은 창조에서 마지막 역사의 완성에 이
> 르기까지 피조세계의 전체 이야기와 창조 이후 전개된 전체 인류의 이
> 야기, 그리고 온 세계를 향한 하나님의 계획을 품고 열방 중에서 부르
> 심 받은 하나님 백성들의 이야기를 담고 있다. 특히 그 모든 것의 중심
> 에는 하나님의 목적에 결정적인 영향을 미치며 그것을 결정으로 계시
> 한 한 분의 이야기를 기록하고 있다.12

 뉴비긴에게 있어 성경을 선교적으로 읽는다는 의미는 단순하다. 창세기
의 창조 사건부터 계시록의 종말로 이어지는 성경의 거대 내러티브는 최
고의 역사 기술(記述)이며 지금도 피조세계를 주관하는 하나님의 선교 이
야기라는 것이다. 우주의 존재 이유와 의미를 보여주며, 인간의 정체성과
죽음 너머 영원한 운명에 대해 증언한다. 세상 속에서 교회의 존재 이유를
알게 하며, 교회가 외치는 복음은 개인의 운명뿐 아니라 인류 공동체 전체
의 미래를 좌우하는 공적(公的) 복음임을 확신케 한다. 성경은 위기 가운
데 삶의 본질적 질문에 직면했을 때 가장 먼저 그 질문의 답으로 제시되어
야 하는 메타 내러티브이기 때문이다.
 복음의 공적 영향력이 회복되어야 하며 이를 위해서는 복음이 오늘날의
상황을 담아낼 수 있어야 한다는 뉴비긴의 주장은 이후 선교학계와 성서
신학계에 영향을 미치게 된다. '복음과 우리의 문화'(Gospel & Our Cul-
ture, 영국)와 '복음과 우리의 문화 네트워크'(Gospel & Our Culture Net-
work, 북미주) 운동으로 이어졌고 '선교적 교회' 논의로 발전되었다. '선교
적 교회 논의'에 참여한 성서학자들은 2009년 이래 성서학회(The Society
of Biblical Literature, SBL)의 연례모임과 연계해 매년 모이고 있는

GOCN 의 선교적 해석학 포럼(Forum on Missional Hermeneutics)을 시작했다. 이 포럼은 선교학자와 성서신학자들이 함께 선교적 성경 읽기 운동에 대해 토론하는 장으로 발전했고 이를 토대로 구체적인 성경 읽기 운동이 확산되고 있다.

성경을 하나님의 선교와 교회의 선교적 본질 회복이란 관점에서 읽는다면 어떤 차이를 만들어 낼 수 있겠는가? 이 질문은 2002 년부터 매년 성서학회(SBL)와 미국종교학회(AAR)의 연례회의에서 만나고 있는 수십 명의 학자들 사이에서 신중하고 진지한 대화의 중심에 있었다. 토론토의 틴데일 신학교(Tyndale Seminary of Toronto)가 주최하는 비공식적인 조찬 모임에서 시작된 이 대화는 GOCN 의 후원하에 2005 년부터 AAR/SBL 의 시범적인(semiformal) 추가 프로그램으로 시도되었다. 2009 년에는 SBL 의 공식적인 협력단체(an Affiliate Organization)로 허입되었으며 매년 SBL 연례 모임의 부속 모임으로 "GOCN 선교 해석학 포럼"을 개최하고 있다.[13]

위에서 논의한 선교적 해석학의 형성과정을 도표로 정리하면 아래와 같다.

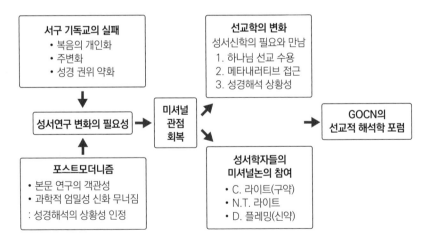

선교적 성경 읽기의 구조

이 장에서는 선교적 해석학을 둘러싼 논의들이 어떤 내용을 다뤄왔는지 좀 더 구체적으로 살펴볼까 한다. 두 학자의 견해를 중심으로 선교적 성경 읽기에 대한 기본적인 합의와 이 운동의 네 가지 흐름을 소개하고, 이 운동이 지향하는 결과들에 대해 간단하게 설명하도록 하겠다.

1. 기본적인 합의

선교적 성경 읽기가 서 있는 기본적인 합의를 정리한 학자는 크리스토퍼 라이트다. 그는 『하나님의 선교』 제 2 장 "선교적 해석학의 형성"(Shaping a Missional Hermeneutic)에서 선교적 해석학이 기본적으로 합의하는 전제를 다음 몇 가지로 설명하고 있다.

첫째, 신구약 전체는 하나님의 선교에 관한 기록이며, 하나님의 선교에 참여한 하나님 백성의 삶의 결과를 담고 있다.

> (그 결과로) 성경 본문들의 기록(과정)은 본질상 대단히 선교적이다. 많은 본문은 하나님의 백성이 하나님의 계시를 이해하고 살아내며, 세상에서 하나님의 구속 활동을 행하는 과정에서 겪은 투쟁과 고통에서 나온 것이다.[14]

둘째, 성경은 역사를 주관하는 '살아계신' 하나님의 내러티브다. 즉 성경은 과거의 (하나님의) 선교적 여정에 대한 기록이면서 동시에 (하나님의 능력 안에서) 진행되고 있는 하나님 나라의 성취 이야기(현재)이다. 이를 위해 하나님은 하나님의 선교에 참여하는 선교적 백성을 필요로 하신다.

셋째, 성경은 이미 이뤄진 일에 관한 서술이면서 동시에 하나님의 선교에 참여하는 백성을 향한 명령이기도 하다.[15] 하나님의 백성은 선교적 읽기를 통해 하나님이 행하시는 선교를 이해할 뿐 아니라 선교적 존재로 형성되고 세상 가운데 살면서 그 명령을 수행한다.

마지막으로 성경은 하나님이 중심이 되는 내러티브다. 선교적 성경 읽기는 인간 또는 교회 중심적 관점을 하나님 중심의 패러다임으로 전환할 것을 요구한다.

2. 네 가지 흐름

선교적 성경 읽기 분야는 아직 형성 단계에 있다. 다양한 이해가 공존하며 아직 합의된 정의(定義)에 이르지 못하고 있다. 그럼에도 불구하고 이 논의는 일정한 흐름들로 모아지고 있는데, 이를 정리한 학자가 헌스버거(George Hunsberger)다. 그는 "선교적 해석학을 위한 제안"(Proposals for a Missional Hermeneutic: Mapping a Conversation)이라는 논문에서 지향하는 방향성을 중심으로 선교적 성경 읽기를 다음 네 개의 흐름으로 설명했다.

첫째, 성경을 하나님의 선교에 대한 거대 내러티브로 읽는다. "부분은 전체와 연관되어 읽혀야 한다. … '하나님의 선교'는 전체 이야기의 틀, 해석의 단서, 그리고 해석학적 열쇠를 제공한다."[16]

둘째, 성경을 기록한 목적 중심으로 읽는다. 즉 하나님의 선교적 백성 형성을 향한 이야기로서 성경을 읽으려 한다.

셋째, 독자의 (문화적, 사회적) 상황을 반영해 성경을 읽는다. 마이클 바람(Michael Barram)은 "회중은 선교적으로 주어진 그들의 사회적 자리에서 성경을 읽으며 이를 통해 하나님의 선교(missio Dei)를 발견한다"라고 주장한다. 다른 문화와 상황에 처한 교회가 다른 성경이해를 갖는 것은 당연하다. 그러나 그들은 (문화적 배경으로 인한) 서로 다른 본문 이해 속에서도 동일하게 '하나님의 선교'를 발견한다.

마지막으로, 문화에 대한 선교적 참여로서 성경을 읽는다. 선교적 해석학 논의의 문을 연 브라운슨(James Brownson)은 "신약에 기록된 사건들은 복음을 가지고 매일 자신이 속한 (당시의) 문화에 참여하는 전형적인 과정을 담고 있다. 이 참여야말로 교회의 사명(선교)"이라 주장한다. 즉, 당시 상황과 문화에 선교적으로 참여하는 과정에서 성경이 쓰여졌던 것처럼, 오늘날의 성경 읽기도 동일하게 우리가 속한 문화, 상황에 선교적으로 참여하는 과정이 되어야 한다.

선교적 성경 읽기를 구성하는 이 네 가지 흐름은 다시 두 개의 관점(거대 내러티브로 읽기와 세상을 향한 참여로서의 현장적 읽기)으로 요약될 수 있다. 헌스버거의 선교적 해석학의 구조에 대한 설명을 도표로 작성하면 아래와 같다.

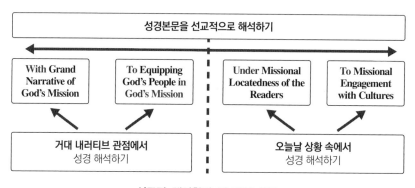

선교적 해석학의 네 가지 흐름

성경 읽기를 통해 독자는 창세기부터 오늘까지 진행해 오셨고 또 계시록의 종말 사건까지 역사를 이끌 하나님의 거대 내러티브를 발견한다(통시적 읽기). 동시에 우리가 살고 있는 '오늘, 여기' 상황 속에서 하나님의 일하시는 손길과 인도를 경험하고 그 현장에 참여하는 것으로 이어져야 한다(현장적 읽기). 이런 면에서 선교적 성경 읽기는 자신학화, 상황화 등과 연결된다.

3. 세 차원의 변화

헌스버거가 요약한 선교적 성경 읽기의 다양한 흐름은 독자들 안에 다음 몇 가지 차원에서의 변화를 지향한다. 먼저 선교적 성경 읽기는 '이해의 차원'에서 변화를 가져다준다. 성경을 관통하는 하나님의 거대 내러티브를 발견하게 되며 현재 역사 속에서 드러나는 하나님의 섭리를 통찰할 수 있게 해 준다. 다음은 '정체성 차원'의 변화를 촉발한다. 성경이 보여주는 구속의 역사 속에서 하나님의 백성들은 자신이 서 있는 곳이 어디인지를 깨닫게 된다. 이를 통해 교회는 본질적으로 (하나님의 선교에 참여하도록) 세상 속에 보내진 선교적 존재라는 바른 정체성을 갖게 된다. 마지막으로 선교적 성경 읽기는 '실천과 변혁의 차원'으로 이어진다. 하나님의 백성 공동체가 선교적 존재라는 깨달음은 교회가 세상 속에서 어떤 선교적 역할을 감당해야 하는지 도전한다. 그 역할을 감당하기 위해 세상을 이해하고 그 세상이 알아들을 수 있도록 복음을 번역해 내는 사명을 감당해야 하며, 궁극적으로 세상이 하나님을 알고 하나님의 거대한 스토리 안으로 들어오도록 초대하는 '하나님의 초청장'으로서 기능해야 한다.

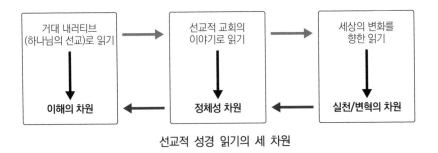

선교적 성경 읽기의 세 차원

선교적 성경 읽기는 '하나님의 선교를 이해'하는 읽기이며 동시에 교회가 선교적 본질로서 자신의 '정체성을 발견'하는 읽기이다. 마지막으로, 믿지 않는 세상 사람들이 하나님과 하나님의 거대 내러티브를 이해하고 하나님 나라의 통치 안으로 들어오도록 만드는 '변화를 촉발'하는 것으로 귀결된다.

선교적 성경 읽기의 서구 밖 적용

선교적 성경 읽기는 성경을 하나님의 거대 내러티브로 읽음으로써 복음의 공적 영향력을 회복하고 교회의 선교적 본질을 되찾고자 하는 새로운 관점이다. (서구 교회의 침체 상황 속에서 이를 극복하기 위한 논의로서) 아직 형성 과정 중이긴 하지만, 이 새로운 성경 읽기 방식은 비서구 지역의 교회에도 필요한 보편적 성경 읽기 패러다임이 되어야 한다는 주장이 제기되고 있다. 이번 GMF 선교 포럼 역시 이러한 논의에 대한 반응이라 할 수 있다. 그런데 서구와 전혀 다른 상황 가운데 있는 비서구 교회들에게 이 선교적 성경 읽기 방식이 적용되기 위해서는 다음과 같은 몇 가지 비판적 검토가 병행될 필요가 있다. 이와 연관된 몇 가지 생각을 나누면서 선교적 성경 읽기에 관한 논의를 마무리하고자 한다.

1. 다른 성경 읽기 배경

비서구 교회들은 성경 읽기에 있어서 서구와는 다른 역사적 경험과 문화적 배경을 갖고 있다. 역사학자인 필립 젠킨스는 그의 책 『신의 미래』(*The Next Christendom*)에서 비서구 다수세계 교회들이 새롭게 만들어 내고 있는 미래의 기독교적 정체성은 서구의 그것과는 많이 다를 것이라 전

망했다. 고힌 교수는 젠킨스의 주장을 다음과 같이 요약한다.

> 이들 남반구의 교회들은 신학적으로 그리고 윤리적으로 좀 더 보수적
> 인 입장을 취할 뿐만 아니라, "신앙과 실천 방면에서 훨씬 더 헌신적이
> 기도 하다." 예배는 그들의 문화가 지닌 특징을 그대로 드러내는데, 이
> 러한 특징은 서구와는 매우 다른 것이다. 그리고 마지막으로, 서구 외
> 지역의 교회는 "훨씬 더 열정적이고 예언, 환상, 황홀경 상태에서 말하
> 는 것" 그리고 치유를 통해 표현되는 즉각적인 초자연적 사역들에 훨
> 씬 더 중점을 기울이며 관심을 두고 있다. 남반구에서 성장하고 있는
> 교회를 이해하는 것은 특히 중요하다. 왜냐하면 바로 남반구에 속한
> 교회들이 21세기 세계 기독교를 위한 리더십을 제공할 것이기 때문이
> 다.[17]

세계 기독교의 중심축으로 변화되고 있는 남반구 기독교는 북반구(서
구)의 기독교와는 전혀 다른 신앙적 성향을 나타낸다. 신학적, 윤리적으로
더욱 보수적 입장을 견지하며, 초자연적(기적) 현상들에 대해 열린 태도를
보이며 전통적 문화들을 수용해 기독교를 새롭게 재해석하고자 한다.

이러한 차이점들은 성경을 대하는 교회의 태도에도 나타난다. 계몽주의
에 기초한 비평적 성서연구보다는 자신의 상황을 반영하는 성경 해석을
강조하며, 성경의 계시적 권위를 중요시하고 또한 성경을 오늘날의 상황
속에서 하나님이 직접 우리에게 말씀하는 창구로 이해하는 경향이 강하
다.

성경을 거대 내러티브로 읽는 경향도 강하다. 구속적 관점이나 하나님
나라의 관점으로 성경 전체를 하나의 거대 내러티브로 읽으려 한다. 한국
교회에서 유행하는 "어, 성경이 읽어지네" 운동은 대표적인 사례라 할 수
있다.

2. 세계화된 기독교를 위한 성경 읽기

위의 차이점에도 불구하고 선교적 성경 읽기는 전 세계 모든 교회들에게 유익이 되는 새로운 성경 읽기 운동이라 할 수 있다. 서구와 다른 상황임에도 불구하고 비서구 피선교지 교회들에게 선교적 성경 읽기를 소개해야 하는 이유는 다음과 같다.

첫째, 세계화 흐름을 통해 포스트모더니즘 세계관이 빠르게 전 세계에 확산되고 있고 타종교나 인본주의 세계관에 의한 복음의 공적 영향력 약화가 거의 모든 지역에서 나타나고 있다. 거대 내러티브로서 '하나님의 선교'라는 관점에 입각해 성경을 선교적으로 읽는 것은 공적 진리로 복음을 선포하며 교회가 세상 가운데 하나님의 선교를 수행하기 위한 토대가 된다.

둘째, 선교의 본질로서 '하나님의 선교'에 대한 공감이 확대되고 있고 이는 총체적 선교를 지향한다. '선교적' 성경 읽기는 개인구원과 교회개척을 넘어 피조세계 전반의 회복을 향한 하나님의 선교를 강조하는데, 이는 비서구 사회가 직면하고 있는 빈곤, 부정부패, 환경오염, 난민, 전쟁, 전염병 등의 문제들에 대한 성경적 관점을 제공한다.

셋째, 선교적 성경 읽기는 교회의 선교적 본질 회복을 지향한다. 선교적 성경 읽기를 통해, 하나님의 백성 공동체인 교회의 본질이 하나님에 의해 세상 속에 파송된 선교사라는 사실을 깨닫게 된다. 이러한 이해를 통해 교회는 자기중심적 한계를 벗고 선교적 존재로 세워질 수 있게 된다.

3. 극복되어야 할 도전들

세계화된 기독교 상황에서 선교적 성경 읽기가 보편적인 성경 읽기의 틀로 자리 잡기 위해 극복되어야 할 몇 가지 도전을 언급하면 다음과 같다.

첫째, 뉴비긴은 서구 교회의 성경 읽기 위기의 원인을 서구 신학과 성서학 연구가 지나치게 계몽주의적 세계관에 의존했고 편견이 배제된 객관적 본문 해석을 위해 역사-비평적 접근을 강조한 탓으로 설명했다. 선교적 성경 읽기는 서구의 비평적 성서신학의 이러한 문제를 극복하기 위한 대안으로 논의된 측면이 있다. 그런데 계몽주의 세계관의 영향이 미미한 비서구 교회들은 역사-비평적 성경연구에 의한 부작용과 거리가 있는데, 이런 상황에서도 선교적 성경 읽기가 여전히 필요할까? 상황적 읽기 성향이 강한 비서구 교회에게는 비평적 성경 읽기가 오히려 더 필요할 수 있다. '선교적' 관점에서 성경 읽기를 발전시키되 기존 성경 읽기의 문제점들을 평가한 뒤 비평적 성서신학의 연구 결과들을 보완할 필요가 있다고 보여진다. 서구에서 발전된 선교적 성경 읽기 관점을 서구 밖의 지역에 적용하기 위해서는 그 상황에 맞는 평가와 수정이 수반되어야 하며 비평적 성경연구 성과가 균형 있게 수용되어야 한다.

둘째, 위에서 선교적 성경 읽기 운동의 흐름을 네 가지로 나누고, 다시 이 흐름을 '거대 내러티브로 읽기'와 '현장적 읽기'라는 두 가지 틀로 정리했는데, 앞으로의 과제는 이 두 가지 틀을 하나로 통합하는 것이 될 것이다. 거대 내러티브로 읽기는 '하나님의 선교'에 참여하는 하나님의 백성 공동체의 선교적 본질 회복을 강조한다는 면에서 이미 형성된 교회 공동체와 더 연관되어 있어 보인다. 이에 반해 현장적 읽기는 복음이 전파되지 못하고 자생적인 건강한 토착교회가 없어 현지 문화에 기초한 성경 읽기가 뿌리내리지 못하는 상황에서, 그 지역 문화에 맞는 성경 읽기를 세울 때 더 설득력이 있어 보인다. 그러나 선교적 본질을 가진 교회는 세상 속에서 선교적 본질을 구현하는 교회이므로 현장적 읽기와 분리될 수 없으며, 토착교회가 미비한 미전도지역의 경우 거대 내러티브를 통한 복음 증거가 더 효과적일 수 있으므로 이 둘은 선교적 성경 읽기 안에서 자연스럽게 통합될 필요가 있다.

다른 상황에서 동일한 본문이 어떻게 다르게 읽히며 그러한 현장적 읽기가 어떻게 전 세계적으로 연결되어 보편적 내러티브 읽기로 통합되는지를 보여 주는 사례들이 있다. 네덜란드 학자인 한스 드윗(Hans DeWit: VU University, Amsterdam) 교수의 연구가 그 예다. 그는 2001년 대학 연구소 프로젝트로 "동일한 본문이 다른 문화권에서 어떻게 다르게 읽히는가?"라는 질문을 가지고 연구를 진행했다.[18] 각 지역에서의 서로 다른 성경 읽기들을 시도하고 후에 함께 모여 서로 다른 이해들을 나눔으로써 동일한 본문에 대한 글로벌한 거대 내러티브를 세울 수 있음을 보여 주었다. 드윗 교수는 2013년에도 유사한 연구 프로젝트를 진행했는데, 사회적 변혁에 대한 관심이 어떻게 선교적 성경 읽기에 영향을 주는가 하는 질문에 기초한 연구였다. '변혁'(transformation)이란 주제를 중심으로 다양한 성경 본문들을 제시하고 이 본문들이 어떻게 다른 문화권에서 다르게 해석되는가를 분석했고, 마찬가지로 이들을 모아 글로벌 차원의 거대 내러티브 읽기를 세울 수 있는지에 관한 가능성을 시도했다.[19]

셋째, 성서신학자들의 질문, 즉 성경을 하나의 거대한 틀로 읽는 것이 과연 옳은가? 라는 질문에 대해 답할 수 있어야 한다. 성경의 각 본문들은 다양한 시대적, 사회적 상황 속에서 다양한 형태로 메시지를 전하고 있는데, '선교적'이란 획일화된 틀이 오히려 성경 본문의 다양성을 간과할 위험이 있다. '선교적' 틀이 지난 수백 년에 걸친 성서신학 연구를 무시해서는 안 되며 오히려 그 성과들이 교회의 부흥과 세상에 대한 복음의 공공성을 확대하는 방향으로 활용될 수 있음을 보여 줄 수 있어야 한다. 성서학자들의 반대를 무시한 채 선교적 관점에 의한 성경 읽기가 유지되기는 어렵기 때문이다. 비평적 성경연구 결과들을 수용하되 그것들을 '하나님의 선교'라는 거대 내러티브 안에 담아낼 수 있어야 한다. 이 도전에 대한 답을 찾아내지 못한다면 선교적 성경 읽기는 절름발이 성경 읽기로 남게 될 수도 있다.

넷째, 마지막으로 선교적 성경 읽기의 또 다른 도전은 타종교와의 만남 속에서 선교적 성경 읽기가 어떤 의미를 지닐 것인가? 라는 질문이다. 이 세상에는 나름대로 공적 차원에서 답을 제시하는 다양한 메타(거대) 내러티브들이 존재한다. 성경의 메타 내러티브를 선명하게 잘 설명하는 것도 중요하지만, 성경의 내러티브가 타종교들이 제시하는 메타 내러티브들보다 우월하며 사람들이 제기하는 삶과 세상에 대한 질문에 더 설득력 있는 답을 줄 수 있어야 한다. 어쩌면 이 부분이 우리가 성경 읽기 앞에 '선교적'이란 말을 붙이는 이유일지도 모른다. 이는 선교적 성경 읽기가 단지 인지적 차원의 새로운 깨달음을 넘어 영적 대결과 진리 대결이라는 새로운 차원의 도전에 직면함을 의미한다. 이 도전의 돌파를 위한 방법 중 하나는 놀라운 성장을 보여 주고 있는 남미와 아시아, 특히 아프리카의 독립 교회들과 오순절주의 교회들의 성경 읽기 틀을 서구가 발전시켜 온 성경 읽기 틀과 통합하는 것일 것이다.

서구의 계몽주의적, 합리주의적 신학의 기준에서 수용하기 어려운 새로운 형태의 성경 읽기를 어떻게 이해하고 통합할 것인가? 이 도전을 극복할 수 있다면 선교적 성경 읽기는 전 세계 모든 다양한 교회들이 '땅끝'까지 복음을 전파하고자 할 때, 글로벌한 동역을 가능케 하는 터전이 될 것이다.

나가는 말

오후 기도 후 너무 마음이 울적했어요. 이렇게 알라를 향해 하소연을 했지요. "아주 어릴 적부터 하루 다섯 번 기도를 올리는데 정말 제 기도를 듣기는 하시는거예요?" 제 맘 깊숙한 좌절감이었어요. 기도를 마치고 라디오를 켜고 다이얼을 돌렸는데 모르던 방송이 잡혔어요. 예수라는 사람이 한 말이라고 하면서 어떤 구절을 읽어 줬어요. "수고하고 무거운 짐진 자들아 다 내게로 내가 너희를 쉬게 하리라." 속으로 말했어요. "예수가 누구기에 내게 쉼을 줄 수 있단 말인가?" 그런데 이어지는 말들을 들어보니 기독교 방송이었어요. 얼른 라디오를 껐어요. 그때가 고등학교 1 학년 때였어요. … 2 년 뒤 도시의 대학으로 진학해 기숙사 생활을 하고 있었는데 하루는 꿈을 꿨어요. 고향집에 있는데 갑자기 방문이 열리고 마주 보이는 대문에 흰옷을 입은 한 남자가 보였어요. 빛이 너무 밝아 누군지는 보이지 않지만, 손을 내밀어 제게 오라고 손짓하고 있었어요. 뒤에서 엄마가 "애야, 그리 가면 안 된다"하는 음성이 들렸어요. 빛 가운데 계신 분에게 가려는데 발이 걸려 움직일 수 없었어요. 그러다 깼지요. 이 남자가 언젠가 방송에서 들었던 예수일지도 모른다는 생각이 들었어요. 무슬림 친구들 눈을 피해 기독교인 친구에게 가서 성경을 빌려서 방에 돌아와 성경을 펼쳐 펼쳐진 부분을 읽었어요. "예수께서 또 말씀하여 이르시되 나는 세상의 빛이니 나를 따르는 자는 어둠에 다니지 아니하고 생명의 빛을 얻으리라"(요 8:12). 그 즉시 빛 가운데 찾아왔던 분이 예수임을 알았어요. 그 순간 믿기로 결단했고 그분과의 동행이 시작되었죠.

태국 남부 출신 S 자매의 간증이다. 무슬림 지도자의 딸로 대학 1 학년 때 꿈을 통해 예수님 만났고 그 이후 많은 고난 속에서도 신앙을 지켰다. 방콕에서 숨어 지내는 동안 필자와 여러 해 같이 성경공부를 했는데 그때 나눈 간증이다.

2 천 년 전 어거스틴이 읽었던 로마서 13 장 말씀처럼, S 자매가 라디오를 통해 들은 마태복음 11:28 말씀이나 처음 성경을 펼쳐 만난 요한복음 8:12 말씀은 살아있는 하나님의 음성이었고 생애를 바꾸는 하나님의 능력이었다. 성경은 오래전에 기록된 역사적 문서지만 동시에 오늘을 사는 우

리 곁에 임하시고 구체적 상황 속에서 말씀하시는 하나님의 살아있는 말씀이다. 어거스틴과 S 자매의 경험은 성경 읽기가 독자의 구체적 상황(locality) 속에서 하나님의 음성을 듣기 위한 과정이어야 하며 동시에 하나님과의 만남을 통해 하나님이 이끄시는 거대 내러티브(universality)에 참여하는 결단의 순간임을 말해준다.

서구(유럽) 교회는 지나치게 비평적, 과학적 관점에서 접근함으로 인해, 살아계신 하나님의 임재와 우리가 처한 구체적 상황 속에서 말씀하시는 '쉐마'로서의 성경을 잃어버렸다. 선교적 성경 읽기는 삶의 현장 속에서 하나님의 말씀을 듣는 읽기이며 이를 통해 이 세상을 향한 하나님의 관심, 즉 하나님의 선교를 발견하고 자신이 선교적 존재로 변화되는 것을 지향한다. 이는 전 세계 모든 교회들이 함께 직면해야 하는 도전이다.

한국교회의 성서신학은 서구와 마찬가지로 비평적 성경연구가 주도하고 있지만, 최근 여러 성서학자들이 선교적 성경 읽기에 관심을 보이고 있다. 신약학자인 정성국 교수의 선교적 해석학 관련 논문은 한국의 성서신학자들도 선교적 성경 읽기의 필요성을 공감하기 시작했음을 보여 준다.

> 선교적 해석학의 실험은 아직 초기 단계에 있으며 그 해석학적 가능성을 완전히 드러내지 않았다. … 필자는 이 글에서 ACTS 공동체가 하나님의 선교 이야기 속에서 연구하고 살아가자고 제안했다. 선교적 해석학을 공유하자는 것이다. 선교적 해석학은 하나의 성경 읽기 방식을 제안하는 것에 최종적인 목적을 두지 않는다. 그것은 처음부터 성경을 어떻게 살아낼 것인가의 질문을 다루고자 했고, 공동체가 함께 해야 한다는 점을 말하고자 했다. 그런 점에서 ACTS 신학 및 신앙 운동의 취지와 다르지 않다. … 선교적 해석학은 '위험한' 해석학이다. 특정 신학과 신앙 전통의 울타리 안에 머물러 있으면 편안하고 안전하겠건만, 굳이 지금 여기에서 이 본문을 통해 예수를 따르는 우리만이 방식을

찾으란다. 그러나 다시 생각해 보면, 그것이 초교파 신학교 ACTS 의 정체성이요 소명이 아닐까 싶다.[20]

선교적 해석학을 '위험한' 해석학이라 한 부분이 눈에 띈다. 위험하지만, 급격히 쇠퇴하는 교회를 되살리고 교회가 선교적 본질을 회복하기 위해 피할 수 없는 도전이다. 더 나아가 하나님이 전 세계 곳곳에 세우신 교회들이 하나님의 선교에 함께 동참하도록 하기 위해 반드시 활성화시켜야 할 성경 읽기 운동이다.

3

선교사와 선교적 성경 읽기

선교사와 선교적 성경 읽기

권성찬

들어가는 말

성경을 묵상하는 것은 시대를 초월하여 늘 중요한 주제이다. 그럼에도 불구하고 오늘날 말씀 묵상을 재차 강조하게 된 것은 그동안의 성경 읽기가 채워주지 못하는 영역이 발생했다는 증거이며 그동안 성경 읽기를 한쪽으로 치우치거나 불완전하게 해 왔다는 자각에 기인한다. 오늘날 여러 곳에서 공동체 성경 읽기, 선교적 성경 읽기 등 말씀을 새로운 관점과 방식으로 읽으려는 노력이 일어나고 있다. 이른바 말씀에 대한 새로운 시각, 다른 말로 말씀의 본래 의미를 이해하려는 마음이 간절한 시대이다. 역으로 말하면 그만큼 우리가 본질에서 멀어진 현실에 대한 자각이며 그렇기에 다시 회복하려는 노력이다. 그런 맥락에서 오늘날 선교지에서 복음을 전하는 선교사에게 왜 선교적 성경 읽기가 필요한지, 그리고 그것을 위해 어떤 요소들을 알아야 하는지에 대해 다루어 보려고 한다.

선교를 성경의 몇몇 관련구절에 기대어 주장(proof-text way)할 것이 아니라 성경 전체를 관통하는 주제로 인식해야 한다는 견해를 여러 학자들이 피력해 왔다.[1] 선교적 성경 읽기 혹은 선교적 해석학이라는 용어가 본격적으로 등장한 것은 2000 년대 들어서다.[2] 그 이전에 비록 선교적(missional)이라는 형용사는 아니지만, 헤셀그레이브(David Hesselgrave)는 같은 의미로 선교 해석학(a missionary hermeneutic)이라는 용어를 사용했다.

> 의심할 여지없이 성경이 선교의 기초이다. 하지만 그 반대는 어떠한가? 선교가 성경의 기초인가? 이것이 사실이라면 우리는 새로운 해석학, 즉 "선교 해석학"을 얻게 된다. 이렇게 선교에 대해 특별한 선이해가 없으면 성경의 많은 부분이 이해되지 않든지 잘못 해석된다.[3]

선교의 성경적 기초라는 관점에서 성경의 선교적 기초라는 시각 전환을 요구한 헤셀그레이브의 그림자를 오늘날 선교적 해석학 논의의 개척자 중한 사람으로 평가되는 크리스토퍼 라이트(Christopher Wright)에게서 찾을수 있다. 그는 이렇게 말했다.

> 그 과목을 가르칠수록, 수업을 시작할 때 학생들에게 그 과목의 이름을 바꾸고 싶다고 말하는 경우가 많아졌다. "선교의 성경적 기초"에서 "성경의 선교적 기초"라는 이름으로 말이다. 나는 학생들이 그저 성경에 우연하게 선교 활동의 이론적 근거를 제공하는 많은 본문들이 포함되어 있다는 것뿐 아니라, **전체 성경 자체가 하나의 '선교적' 현상**이라는 것을 알기 원했다.[4]

그 후 주로 영국과 미국에서 이런 논의가 발전되어 왔고 그런 여러 가지 논의를 GOCN(Gospel and Our Culture Network)의 코디네이터를 맡았던 헌스버거(George Hunsberger)가 몇 가지 흐름으로 정리하였으며, 오늘날 여전히 발전되는 가운데 있다.[5] 이제 선교적 성경 읽기는 학자들의 논의에 머무를 것이 아니라 일선 선교사 그리고 모든 성도들에게까지 퍼져 나가야 하는 과제를 안고 있다. 그렇다면 선교사들이 왜 선교적 성경 읽기를 해야 하는지 논의를 시작해 보자.

선교사가 성경을 선교적으로 읽어야 하는 이유

1. 어떻게(how)에서 무엇(what)으로의 전환이 필요하다.

선교를 어떻게 할 것인가? 라는 질문에 대해 답할 것이 많은 나라 중에 하나가 한국이다. 많은 선교사가 파송되어 현지에서 다양한 사역을 해 왔기에 선교의 유형도 다양하다. 교회개척선교, 문서선교, 스포츠선교, 교육선교, 문화선교, 단기선교, 사업선교 등등. 한국 문화의 수출과 더불어 그를 이용한 K-Culture 중심의 선교도 확장되었다. 그렇게 많은 방법과 실천들은 우리가 인식하던 혹은 인식하지 못하던 '선교란 무엇인가?'라는 주제에 대해 우리가 가진 선이해에 기반하여 실행된다. 그렇다면 우리가 이해하는 그 '선교란 무엇'은 과연 누가 정의한 것인가? 만일 기업이 원천기술은 없고 그 기술을 수입해서 제품만 생산한다면 한동안은 문제가 없겠지만, 그 제품과 그런 유형의 수명이 다하면 문제가 발생하기 시작할 것이다. 이를 공학이나 일반기업에서는 개념설계(concept design)와 실행(implementation)으로 구분한다. 『축적의 길』이라는 책에서 이정동 교수는 우리나라의 롯데타워를 예로 들고 있다.6 비록 555 미터에 달하는 높은 건물을 우리가 건축했지만, 그에 필요한 중요한 기술들, 즉 건축설계와 구조설계는 미국, 토목설계는 영국, 태풍을 견디게 하는 풍동설계는 캐나다 등 소위 원천기술들은 대부분 외국의 기술에 의존했다는 것이다. 이는 선교 분야도 예외가 아니다. 그동안 한국 선교는 실행에 있어서는 탁월한 역량을 보여 주었지만, '선교란 무엇인가?'라는 개념설계 혹은 원천기술에 대한 묵상이 상대적으로 약해서 새로운 기술(운동)이 소개되면 그것을 받아 실행하는 데 급급해 왔다. 이제 상당한 선교실행과 시행착오를 경험한 우리는 그런 경험을 바탕으로 '선교란 무엇인가?'라는 본질에 대해 성찰해야 한다. 이를 통해 지금까지 진행되어 온 세계 선교를 보완하고, 선교학적인 공헌을 할 수 있는 소위 개념설계를 하고 그에 따른 새로운 실행을 시작해야 할 위치에 있다. 이를 위해서는 누군가 묵상한 것을 그대로 수입해 오는 방식이 아니라 그것을 혹 참고하더라도 우리 스스로 다시 성경으로 돌아가 묵상하고 성찰할 것이 요구된다. 그리고 이 방식은 성경에서 우리가 정의한 선교(혹은 남이 해 준 선교 정의)를 찾는 방식이 아니라 성경 전체를 선교라는 시각으로 조감하고 그 안에서 본문을 이해해야 하는데 이를 도와주는 성경 읽기의 방식이 선교적 성경 읽기이다.

2. 선교사의 역할 재고

앞서 실행 중심의 선교가 가진 문제를 언급했다. 선교사가 실행 중심의 선교개념만을 가지고 있다면 그가 섬기는 선교지 공동체를 성찰하는 공동체가 되도록 돕기는 어렵다. 따라서 후에 선교지 공동체가 선교하는 공동체가 되더라도 이렇게 실행 중심의 공동체를 반복하게 된다면 앞서 언급한 그런 악순환은 계속된다. '서구에서 비서구'(from the West to the Rest)라는 선교 방향이 '모든 곳에서 모든 곳으로'(from everywhere to everywhere)라는 모습으로 바뀌었다고 말하지만, 사실 일방통행과 양방통행은 내용적인 면에서 변한 것이 없다. 같은 패러다임의 반복 혹은 증가를 내용의 변화라고 말할 수 없기 때문이다. 실행이라는 패러다임은 그대로인데 표면의 변화가 일어났다고 해서 선교의 변화가 일어났다고 평가해서는 안 된다. 선교사의 역할은 실행을 넘겨주는 역할이 아니라 성찰을 전해주는 역할이어야 하고, 그 성찰은 본질에 대한 성찰이어야 한다. 데이비드 보쉬는 자신의 대작 『변화하는 선교』(Transforming Mission)에서 "선교학적 성찰은 기독교 선교에서 필수적인 요소이며 선교를 강화하고 정화하는 데 도움이 된다"(Missiological reflection is therefore a vital element in Christian mission—it may help to strengthen and purify it.)라고 강조하였다.[7]

선교적 성경 읽기는 하나님의 선교 혹은 선교적 하나님이라는 본질에 대한 성찰로 인도하기에 본질에 대한 성찰과 성찰의 전수라는 선교사의 역할 변화에 반드시 필요한 과정이다. 여러 번 언급한 대로 선교적 성경 읽기란 현재 우리가 하고 있는 선교 실행을 지지해 주는 성경구절을 찾는 작업이 아니다. 반대로 선교적 성경 읽기는 선교적 하나님의 속성을 더욱 깊이 발견해 가는 과정이며, 바로 그 선교적 하나님께서 그 속성을 표현해 나가시는 하나님의 선교를 이해해 가는 여정이다. 그렇게 선교적 하나님 을 이해하고 그가 표현하는 방식을 이해함으로써 선교사 자신이 먼저 본 질에 대한 성찰이 깊어지게 되고 본질을 전해 주는 선교사의 역할을 감당 할 수 있게 된다. 여기서 한가지 주의할 것은 비록 본질에 대해 깊은 성찰 을 하였더라도, 그 성찰의 결과를 누군가에게 답으로 제시하기보다 자신 이 섬기는 현지 공동체가 그들의 자리에서 그러한 성찰의 여정을 갈 수 있 도록 돕는 것이 선교사의 역할임을 반드시 인식해야 한다.

3. 선교지 공동체의 주체성 확보

선교사가 감당하는 선교의 가시적인 목표가 자생적인 (혹 진정한 의미 에서 자립하는) 예배 공동체 설립이라는 것에 동의한다면 위에 언급한 선 교사의 본질 성찰은 선교지 공동체가 말씀 안에서 자생적인 예배 공동체, 다른 말로 자생적인 선교 공동체로 확립되는 것을 도울 수 있다. 그런 자 생적인 선교 공동체는 하나님의 거대한 역사 안에서 자신들의 위치를 발 견해 나갈 때 정체성에 대한 이해가 더욱 선명해지고 예수 그리스도께서 제자 공동체에게 성령을 보내시어 진행해 나가시는 하나님의 선교 여정에 참여하게 된다. 따라서 하나님의 선교라는 거대 서사와 시대 시대마다 선 교적 공동체가 마주한 선교적 상황에서 기록된 하나님의 말씀을 이해하고 자신들의 상황에 적용해 나가는 선교적 성경 읽기는 선교지 공동체가 자신들의 위치를 이해하고 주체성을 확립하는 데 도움을 준다. 주체성의 확립이 중요한 이유는 하나님의 선교 안에서 자신을 발견하는 주체적 홀로서기 없이는 해석학적 공동체라는 상호의존 공동체, 즉 함께 서기가 어렵기 때문이다. 또한 각자의 주체성은 하나님의 말씀과 하나님의 선교 안에서 의미를 발견할 때만 해석 공동체 안에서 유의미한 공헌을 할 수 있다. 기독교의 색깔이 한두 가지의 색으로 표현되던 시대를 지나 이제 그 지형이 공히 세계 기독교(World Christianity)가 된 상황에서는 두 가지를 경계해야 한다. 하나는 여전히 외부의 색 혹은 외부의 패러다임을 그대로 따라가려는 의존성이고, 다른 하나는 통시적이고 공시적인 우주적 공동체의 일원이라는 인식을 저버리고 각자의 독특성만을 지나치게 강조하여 정통과 공동체에서 벗어나 버리는 위험이다. 선교의 상황화와 토착화는 각자의 방식을 찾는 것에 초점이 있는 것이 아니라 동일한 본문, 즉 선교적 성삼위 하나님에 대한 본질적인 성찰을 각기 주체적으로 한다는 데 초점이 있으며, 각자의 주체성은 바로 그 본질의 성찰이라는 토대 위에서만 의미를 갖는다. 따라서 선교적 성경 읽기는 선교지 공동체가 하나님의 거대한 이야기, 즉 하나님의 선교에 잇대도록 하는 동시에 자신들의 상황에서 읽어냄으로써 독특한 속성을 가지고 전체 해석 공동체에 공헌한다는 의미에서 매우 중요한 읽기이다. 현지 공동체가 하나님의 선교 안에서 지속적인 성찰 공동체가 되는 데 있어 선교적 성경 읽기는 중요한 역할을 할 수 있다.

선교사가 왜 선교적 성경 읽기를 해야 하는지 이해했다면 이제 선교적 성경 읽기의 내용을 다루어 보자.

선교적 성경 읽기 이해

위에 잠시 언급한 헌스버거(Hunsberger)의 흐름 정리는 한국선교연구원(KRIM)에서 이 주제를 다룬 현대선교(24)의 "선교적 성경 읽기"를 참고하기 바란다.8 선교적 해석을 이야기한 여러 학자들의 주장을 네 가지의 흐름으로 정리한 그는 제일 먼저 '이야기의 선교적 방향성'(the missional direction of the story), 그리고 '기록들의 선교적 목적'(the missional purpose of the writings), 그다음 '독자들의 선교적 위치'(the missional locatedness of the readers), 마지막으로 '선교적 문화참여'(the missional engagement with cultures)로 정리하였다.9 이 네 가지는 크게 두 가지로 정리할 수 있는데, 본문에 대한 것과 독자(상황)에 대한 것이다. 헌스버거는 이후에 자신의 글에서 위에 언급한 네 가지를 스스로 두 가지로 정리하면서, 처음 두 개는 본문에 강조점이 있고 나머지 두 개는 독자의 자리(located)에 있다고 하였다.10 본문과 독자(상황)라는 말은 용어 정리가 필요하다. 본문이라는 말은 성경 본문을 말하는 것이고, 독자의 자리라는 것은 그 말씀을 읽는 독자의 상황을 말한다. 따라서 본문이라는 말속에는 본문의 내용과 본문이 쓰여질 당시의 기록 목적(당대의 상황)을 포함한다. 본문은 다시 본문의 내용과 본문의 기능으로 분류해 볼 수 있다. 내용이란 성경을 통해 우리에게 말씀하시는 하나님의 선교 혹은 그 방향성이라고 할 수 있고, 기능이란 그 말씀이 당시 공동체나 오늘날 그 본문을 읽는 독자들을 선교적 공동체로 형성케 하는 기능이다. 본문의 내용은 다시 크게 성경 전체가 보여 주는 거시적인 서사와 각 권이 담고 있는 특수한 상황에서의 서사로 나누어 볼 수 있다. 여기에 현재 독자의 참여를 더해 전체 네 가지로 구분해 볼 수도 있다. 주의할 것은 상황이라는 말이 본문에 속한

당대의 상황을 의미하는 것인지 현재 본문을 읽는 독자를 의미하는 상황인지를 구별해서 이해하는 일이다.

따라서 이 글에서는 헌스버거가 정리한 선교적 성경 읽기의 네 가지 흐름이 아니라 지금까지 필자가 언급한 네 가지를 중심으로 설명하려고 한다. 요약하면 그 네 가지란 본문과 관련한 세 가지, 즉 성경 전체 이야기에 대한 이해(정경적 읽기) 그리고 전체 이야기 속에서 이해하는 성경의 각 권(시대적 상황 포함) 그리고 그 말씀의 기능으로서 선교적 공동체를 형성하는 모습(세상에 존재하는 선교적 백성), 그리고 이에 더해 그 말씀을 대하는 독자의 상황이다. 이제 이 요소들을 하나씩 살펴보자.

1. 성경의 전체 이야기 이해

본문과 관련해서 제일 먼저 이해해야 할 것은 성경 전체가 가진 선교적 방향성이다. 이는 성경이 여러 인간 저자들이 기록한 책이지만, 이것저것을 모아 놓은 잡지가 아니라 하나님이 궁극적 저자인 단행본이라는 사실을 인정하는 것이다. 따라서 성경은 하나님께서 세상을 창조하실 때 의도하신 하나님의 뜻이 이루어지는 방향을 향해 나아가고 있으며 그 방향을 선교적 방향성이라고 부를 수 있다. 성경의 선교적 방향성은 온전한 창조의 목적이 회복되어 가는 과정과 마침내 하나님께서 그것을 이루실 것임을 보는 것이다. 이것은 하나의 거대한 이야기이고 이 전체 이야기의 맥락 속에서 특정 성경과 특정 본문을 이해하는 시각을 길러야 한다. 높이 올라가야 전체가 보이고 그것을 마음에 담아 구체적 본문으로 내려와야 분리된 본문이 아닌 연결된 이야기로 읽어낼 수 있다. 성서신학에서 말하는 창조-타락-구원-재창조 등으로 도식화하기보다는 전체 이야기의 전개 방식을 따라서 창조-타락-아브라함과 이스라엘-예수 그리스도-제자 공동체 등으로 이어지는 전체 이야기를 염두에 두고 본문을 이러한 전체 이야기 속에서 이해하는 방식이기 때문에, 선교적 성경 읽기는 정경적 성경 읽기 (canonical reading)라고 부르기도 한다. 창조에서는 자신의 형상대로 우리를 창조하신 목적, 삼위 하나님과의 관계 속으로 부르시려는 목적 등을 깊이 이해하는 것이 필요하다. 선교의 출발점과 목적지는 바로 하나님께서 우리를 자신의 형상대로 창조하신 것에 관련되어 있기 때문이다. 거기에는 삼위 하나님의 공동체성 그리고 인간에게 자유의지를 주시면서까지 영원에 속한 것을 나누시려는 의지 등의 주제가 포함된다. 타락에서는 타락의 심각성, 타락이 미친 영향, 타락에서 벗어난다는 것의 의미 등이 묵상의 주제들이 된다. 그리고 흩어져 여러 종족이 시작되는 상황에서 세상에 하나님의 계시 백성을 세우시려는 하나님의 계획, 이를 위해 한 사람 아브라함을 부르시고 그를 혈육의 조상이 아닌 믿음의 조상으로 만들어 나가시는 과정, 그리고 결국 이스라엘을 조성하시고 그들에게 계시를 새겨 넣으시는 하나님을 통해 선교적 백성의 정체성과 사명 및 수준 등을 이해해야 한다. 그런 선교적 백성이라는 관점에서 그들에게 말씀하신 '소유', '제사장 나라', '거룩한 백성'을 해석해야 한다. 그 정체성이 신약으로 이어져 선교적 백성인 교회 공동체의 정체성 이해를 돕기 때문이다. 구약의 말씀이 풍성하게 이해되어야 하는 이유는 그 모든 것이 그리스도를 가리키고 있기 때문이다. 오신 예수 그리스도, 즉 구속의 주(redemptive messiah)요 선교의 주(missional messiah)이신 그리스도를 이해하고 그가 이 땅에서 이루신 것과 시작해 놓으신 제자 공동체, 그리고 그 제자 공동체를 통해 계속해서 이루어 가시는 것을 이해해야 한다. 그 제자 공동체를 새롭게 창조하시고 그들을 통해 지속하기 위해 성령을 그들에게 보내시며 그들을 세상에 보내고 마침내 그 끝을 향해 가는 것 등이 전체 이야기 속에 포함되어야 한다. 지금까지 언급한 이런 전체 흐름이 아주 간단하게 요약할 수 있는 성경의 이야기이다. 하지만 이러한 이야기 역시 하나의 예시일 뿐이다. 따라서 고정되고 유일한 모범 이야기를 찾기보다는 스스로 성경을 통해 정리할 수 있어야 주체적으로 성경을 이해하게 될 것이다. 특히 이러한 읽기에서 그리스도의 중심성을 깊이 이해해야 한다. 예수 그리스도는 이야기 흐름의 한 요소가 아니라 그 전체 이야기를 관통하는 혹은 조망하는 해석학적 렌즈이기 때문이다. 구약을 유대적 렌즈로 이해하던 사도 바울을 비롯한 여러 제자들이 예수 그리스도를 알고 그를 해석학적 렌즈로 하여 다시 구약을 보았을 때, 이전의 역사와 자신들의 정체성과 자신들이 처한 환경에서 새로운 이야기를 써 내려갈 수 있었듯이 예수 그리스도를 통해 성경 전체를 이해하는 것이 중요하다. 이때 그리스도는 언급한 바와 같이 구속적인 메시아이자 선교적인 메시아이다.

2. 전체 이야기 속에서 성경의 각 권 이해

성경은 잡지가 아니라 한 분 저자이신 하나님의 단행본이라고 이야기했다. 그 단행본은 단편이 아니라 장편이라는 시각 역시 중요하다. 단편은 하나의 이야기 혹은 한 사람의 시각에서 기록한 이야기이지만, 장편은 하나의 이야기임에도 불구하고 여러 주인공이 등장하고 여러 시각이 존재한다. 그럼에도 종국에 가서는 하나의 거대한 서사를 그리게 된다. 이와 같이 성경은 거대 서사이면서 동시에 시공을 초월한 이야기일 뿐 아니라 시대 시대마다 진행된 하나님의 백성들이 존재하며 그들의 이야기를 포함한다. 따라서 성경의 각 권은 성경 전체의 맥락을 이해하는 동시에 그 성경의 각 권이 다루는 주제를 이해하는 것이 필요하다. 여기서는 요한복음을 하나의 사례로 다루어 보고자 한다.[11]

1) 전체 맥락 속에서 요한복음의 위치

요한은 자신의 방식대로 성경의 거대 서사를 소개하고 그 안에서 다루고자 하는 이야기를 진행한다. 요한의 거대 서사는 가장 기초를 이루는 아버지와 아들의 관계(1:1), 그리고 그 관계를 기반으로 시작된 세 개의 사건을 소개한다. 그 세 개의 사건이란 먼저 아들(말씀)을 통한 온 세상의 창조(1:3)와 그 창조가 어둠에 속하게 된 사실을 소개한다. 아버지와 아들의 관계를 기반으로 진행된 두 번째 사건은 타락한 세상을 구원하기 위해 아들을 세상에 보내시는 성육신이다(1:14), 그리고 세 번째는 아들을 통해 새로운 선교적 백성(제자 공동체)을 창조하시는 사건이다. 제자 공동체를 불러 그들을 믿음의 공동체가 되게 하는 가나 혼인 잔치 이야기는 거대 서사(서론)의 마무리이자 요한복음이 시작하는 선교적 제자 공동체를 시작하는 이야기가 된다. 그 서론적인 거대 서사 속에는 이전 선교적 백성인 이스라엘을 대표해서 (그리스도의 길을 준비하는) 증거자 요한(세례 요한)이 소개된다. 이렇게 거대 서사를 보여 주고 나서 요한복음이 다루는 선교 공동체의 재창조와 그들의 정체성을 소개함으로 오늘날 제자 공동체로 살아가는 우리들의 선교적 삶과 사역을 제시한다.

2) 새로운 선교 공동체의 창조(훈련) 과정

이스라엘과의 단절이 아니라 연속선상에 있음을 증거자 요한을 통해 드러낸(그의 두 제자가 예수 그리스도의 제자가 되는 이야기) 요한복음은 예수 그리스도를 통해 제자 공동체가 시작되고, 그들에게 앞으로 형성될 제자 공동체의 모습이 어떠해야 하는지 선교적 훈련의 과정을 소개한다. 예수 그리스도가 행한 표적들이 제자들 앞에서 행한 표적이라고 언급함으로써(20:30), 모든 과정이 선교적 제자 공동체의 형성에 초점이 있었다는 사실을 드러낸다. 그 훈련은 앞선 선교적 공동체(이스라엘)의 왜곡된 정체성을 드러내는 것과 새로운 공동체가 지녀야 할 정체성을 동시에 보여 주는 방식으로 진행된다. 전자는 '유대'라는 용어 속에 포함된 성전 중심, 율법 중심의 유대 공동체가 보여 주는 축소되고 왜곡된 백성의 모습을 제자들에게 보여줌으로써 실현되고, 후자는 사회-종교적으로 접근이 불가능한 주변부를 대하는 예수 그리스도의 태도를 통해 실현된다. 이 새로운 공동체는 아브라함으로부터 혈육의 후손이 아닌 믿음의 후손으로 이어가는 믿음의 백성이다.

3) 재창조의 시작

공생애를 통해 제자 공동체를 믿음의 공동체요 선교적 제자 공동체로 빚으신 예수님은 재창조의 시작에 앞서 마무리 작업을 하신다. 요한은 복음서의 후반부를 예수님과 소수의 제자 공동체만의 시간에 길게 할애함으로써 그 마무리 작업의 중요성을 드러낸다. 그 시간의 핵심은 행동과 강화와 선교적 기도로 이루어지는데, 행동은 세족이고 강화는 가지가 나무에 붙어 열매를 맺는 선교적 데오시스(missional theosis)이며, 선교적 기도는 예수님과 제자 공동체와 제자 공동체를 통해 성삼위 하나님과 하나되는 이 거룩한 공동체를 향한 기도이다. 그리고 예수님은 모든 것이 (구속적으로 선교적으로) 이루어진 상황에서 자신이 지셔야 하는 십자가를 지시고 부활하심으로 완성하신다. 부활하신 주님은 첫날 제자 공동체를 찾아와 성령을 불어넣으심으로 제자 공동체가 살아있는 선교 공동체로 시작됨을 알리시고 그들이 끝까지 주님을 따르는 공동체임을 확인하신다.

이렇게 요한복음을 성경의 전체 맥락 속에서 이해할 때, 성삼위 하나님께서 영원 전부터 계획하신 일을 이루기 위해 예수 그리스도가 오셨고 그가 재창조의 여정을 시작하셨으며, 제자 공동체인 우리 교회 공동체는 그 재창조의 당사자요 참여자임을 확인한다. 이것은 유일한 읽기가 아니라 하나의 읽기를 제시하는 것이다. 이런 읽기가 모여 큰 이야기를 이루게 되리라 믿는다.

3. 선교적 공동체를 형성하는 모습 이해

성경의 전체 이야기를 통해 하나님께서 진행해 나가시는 선교적 방향성을 이해하고 그 맥락 안에서 성경의 각 권을 읽어냄으로써 각 권이 말하고 있는 내용이 독특하면서도 전체 맥락과 연결되도록 해석할 수 있게 된다. 이제 그런 두 가지 본문의 내용과 함께 본문의 기능, 즉 그 말씀이 말씀을 읽는 하나님의 백성을 선교적 공동체로 형성해 나가는 면을 생각해 보자. 구약에 나타난 이스라엘 백성이나 예수님께서 세우신 제자 공동체 그리고 오늘날 제자 공동체로 살아가는 교회 공동체는 모두 하나님께서 하나님의 선교 역사를 위해 이 땅에 두신 선교적 공동체이다. 따라서 말씀은 그 하나님의 백성을 어떻게 선교적 백성으로 세워가시는지 보여 주고 있다. 요한복음의 예에서 보았듯이, 본문을 성경의 전체적인 맥락 속에서 읽는 동시에 각 권이 위치하고 있는 자리에서 읽는다는 것은 필연적으로 그 본문이 상대하고 있는 독자 그리고 더 나아가 오늘 그 본문을 읽고 있는 독자가 하나님의 선교 이야기 속에 참여하도록 이끈다. 다른 말로, 독자로 하여금 선교적 백성 혹은 선교적 공동체가 되도록(equipping) 한다. 이 작업에서는 성급하게 이 본문이 지금 읽고 있는 우리를 어떻게 선교적 공동체로 형성하는가로 직접 적용하기보다는 세 가지의 단계로 본문을 묵상하는 것이 필요하다. 먼저 본문 안에서 하나님의 백성을 어떻게 선교적 공동체로 형성해 나가는지를 살피는 일이다. 구약에서는 주로 아브라함으로부터 시작해서 이 땅에 선교적 백성을 조성하기 위해 이스라엘 백성을 어떻게 형성해 나가시는지 묵상하고, 특히 복음서를 통해 선교적 공동체의 원형으로 예수님께서 그 제자들을 어떤 선교적 제자 공동체로 형성해 가시는지에 초점을 맞춰야 한다. 이는 바이어스(Andrew Byers)가 말한 대로 "요한복음을 만들어 낸 공동체가 아니라 요한복음이 만들려고 기대한 공동체에 초점"을 두는 일이다.[12] 그렇게 본문 안에서 선교적 백성을 형성해 가는 성삼위 하나님의 목적을 이해한 후 두 번째로 본문이 상대하는 독자를 어떻게 선교적 백성으로 형성해 가는지를 묵상해야 한다. 본문 안에 등장하는 하나님의 백성도 있지만, 그 본문이 상대하는 하나님의 백성도 있기 때문이다. 신약의 경우 서신서들은 대부분 상대하는 독자들이 있고 구약의 경우도 그 본문이 기록될 당시(예를 들어 바벨론 포로 시기의 하나님의 백성)의 독자들이 있기 때문에, 상대하는 그 독자(하나님의 백성)들을 어떻게 선교적 백성으로 형성하는지 묵상해야 한다. 그렇게 첫 번째와 두 번째의 묵상을 하고 나면(혹은 경우에 따라 둘 중 하나) 자연스럽게 그 묵상을 하는 오늘날 독자(상황)로서 어떤 선교적 백성으로 이끄시는지 깨닫게 되어 하나님의 선교에 참여하게 된다.

4. 독자의 자리(상황)

이제 선교적 읽기의 마지막 요소로 독자의 상황이다. 이것은 위에 언급한 본문의 기능과 연속선상에 있다. 본문의 기능이라는 용어가 본문이 독자에게 미치는 영향이라는 관점에서 다룬 것이라면, 독자의 자리는 독자의 상황이 본문 읽기에 미치는 영향에 대한 논의이다. 이 둘은 상호 연관되어 있기에 연속선상에 있다고 언급한 것이다. 잠시 말씀이 기록된 상황에 조금 더 논의를 해보자. 그리스도가 이 땅에 오셨다는 것 자체가 말씀이 진공 상태에서 이루어진 것이 아님을 명료하게 보여 준다. 모든 말씀은 특정한 상황 속에서 주어졌을 뿐 아니라 하나님의 백성들이 자신들의 정체성을 이해하고 살아갔던 그들의 '오늘'이 곧 말씀을 구성하였다는 사실이다. 따라서 오늘날 독자들이 선교적 정체성을 가지고 그 삶을 살아내기 위해 이미 주어진 말씀을 대하고 자신들의 삶에 적용하여 방향 전환과 선교적 삶을 살아내는 '오늘'의 이야기가 비록 정경 안에 포함되지 않는다고 해도 하나님의 선교 안에서 중요한 의미를 갖는다. 선교적 성경 읽기에서 기록된 당시의 상황이 성경 읽기에 있어 중요한 요소인 것과 마찬가지로 현재 성경을 읽는 독자의 상황도 중요하다. 각자가 처한 상황(각 문화 포함)은 같은 본문에 대해서 다른 해석 혹은 다른 강조점을 가져다주기 때문이다. 누구도 자신의 상황(문화, 배경, 처한 상황 등)을 떠나 진공 상태에서 말씀을 읽을 수 없다. 최대한 자신을 배제하고 본문을 대한다고 하더라도 이미 자신 안에 형성된 렌즈를 통해 바라보기 때문이다. 다만 상황과 관련하여 한 가지 주의할 점은 말씀이 기록된 상황을 먼저 설정한 후에 그 상황으로 말씀을 제한하려는 시도이다. 상황이 동기가 되어 하나님에 대한 혹은 하나님 안에서 자신들의 정체성에 대한 묵상이 깊어졌을 수 있다는 가능성을 배제한 채 말씀이 단지 그 상황을 위해서만 기록되었다고 단정하여 보는 것은 위험한 일이다. 이것은 오늘날의 독자에게도 마찬가지이다. 독자가 처한 상황은 본문을 책에 박힌 글자로만 읽는 것과는 아주 다른 관점을 제공해 준다. 다만 모든 것을 그 상황으로 재단하여 본문을 통제하는 실수를 범하기보다 상황이 본문에 대한 단서(clue)[13]를 제공하도록 해야 한다. 오늘날 말씀 묵상에서 매일매일 독자가 계획한 것에 하나님의 말씀이 뭐라고 말하는지 보려고 묵상하는 것은 자칫 하나님의 말씀을 자신의 계획(상황)에 맞추려고 시도하는 왜곡된 읽기가 될 수 있다. 따라서 말씀을 최대한 성실하게 (이 성실이라는 말속에는 의도하지 않더라도 독자의 자리가 영향을 미칠 수밖에 없고 이는 자연스러운 일이다.) 묵상하고 그 묵상한 말씀이 자신들의 상황에 대해 무엇이라고 말하는지를 논의하는 것이 필요하다. 감옥에 들어간 자식이 부모가 보낸 편지를 읽으면서 감옥 탈출에 대한 암호로 읽으려 한다든지 혹은 감옥 생활에 필요한 메뉴얼로 읽기보다 비록 감옥이 편지를 쓰게 된 동기가 되었다고 하더라도, 편지를 통해 자신을 더 성찰하고 바른 사람이 되도록 바라면서 보낸 부모의 심정을 헤아리는 것이 바람직한 읽기라고 할 수 있다. 따라서 본문과 상황

관계는 계속적으로 순환함으로 더 깊은 본문 이해와 그에 따른 충실한 선교적 상황으로 나아가도록 순환의 방향을 잘 이해해야 한다. 요약하면, 상황의 역할은 상황으로 본문을 단정하고 제한하여 읽는 것이 아니라 오히려 상황이 본문을 읽는 것에 시각을 열어주는 역할을 해야 하고 본문과 상황의 방향으로 계속 순환되어야 한다.

나가는 말

선교적 성경 읽기에서 본문의 우선성을 강조하는 본 글은 본문과 관련하여 세 가지를 설명하였다. 첫째, 하나님을 한 분 저자로 인식하고 성경을 단행본으로 여겨 성경에 흐르는 전체적인 선교적 방향성 혹은 정경적 거대 서사를 이해하는 것이다. 둘째, 성경 각 권이 전체 맥락 안에서 보여주고 있는 특수한 서사를 이해하는 것이며 이를 요한복음의 예를 통해 설명하였다. 셋째, 본문의 기능으로서 본문이 그 속에 등장하는 사람들 그리고 본문이 쓰여질 당시의 독자를 어떻게 선교적 공동체로 세워가는지를(e-quipping) 이해하는 것이라고 언급했다. 그것이 오늘날 독자인 우리가 적용할 수 있는 전형을 제시하기 때문이다. 마지막으로 독자의 자리(상황)가 선교적 성경 읽기에서 해야 할 역할과 조심해야 할 역할을 간단하게 언급하였다. 선교적 성경 읽기에 아주 간단한 스케치를 제시한 이 글을 참고하여 앞으로 여러 선교사님이 각자의 자리에서 더 깊은 묵상을 통해 빈칸을 채워가는 노력이 있기를 간절히 바란다. 그리고 다양하게 채워 넣은 그 그림을 서로 나누어 봄으로써 성령을 선교적 제자 공동체에게 보내시고 지금도 거대한 역사를 그려나가시는 성삼위 하나님의 거대한 그림을 함께 보는 기쁨을 누리게 되기를 바란다. 선교적 성경 읽기가 선교사의 부흥과 선교지 공동체의 부흥, 그리고 오늘날 서구 선교에 대안을 제시하고 비서구(global south) 교회들과 함께 선교를 모색하려고 지난 선교를 성찰하고 있는 한국 선교계에 하나의 물꼬가 되기를 바라며 글을 맺는다.

4

하나님의 선교의 관점에서 읽은 에베소서와
파키스탄 펀자비 기독교 공동체

하나님의 선교의 관점에서 읽은 에베소서와 파키스탄 펀자비 기독교 공동체[1]

한종석

들어가는 말

기독교인에 대한 다양한 정의를 내릴 수 있겠지만, 한국에서는 일반적으로 기독교인이라고 하면 기독교 가정에서 태어난 것과 상관없이 예수 그리스도를 개인적인 구원자로 주로 고백하는 사람으로 인식된다. 그리고 한번 기독교인이 되었더라도 더 이상 기독교인이 되지 않기로 결정을 하면, 정치 사회적인 결정을 동반하지 않고도 정체성을 바꾸는 것이 가능하다. 그러나 이러한 나의 생각은 파키스탄에서 살면서 바뀌기 시작했다. 왜냐하면 파키스탄에서 기독교인이라는 것은 한국과 같이 단순히 신앙적인 정체성만을 말하는 것이 아니기 때문이다.

내가 일하는 신학교의 아쉬케나즈(Ashkenaz) 학장은 파키스탄 기독교인들에게는 최소한 다섯 개의 정체성이 서로 맞물려 있다고 한다. 여기에는 주민등록증의 종교란에 기재되어 있는 파키스탄 국민으로서의 정체성, 파키스탄 내의 소수 종교인으로서의 정체성, 불가촉천민의 후손으로서 가지는 종족적인 정체성, 사회적으로 하부 계층을 이루고 있는 사회 경제적인 정체성, 그리스도를 구주로 고백하는 영적인 정체성이 포함되어 있다. 이러한 다양한 정체성이 기독교인을 정의한다고 할 때, 어느 정체성이 얼마나 한 사람의 삶에 영향을 끼치는지는 알기 쉽지 않다고 아쉬케나즈 학장은 이야기한다. 더구나 명목적인 기독교인들이 다수를 차지하는 기독교 공동체의 현실에서 영적인 정체성의 영향력은 미미할 수밖에 없고, 그리스도를 구주로 고백하는 영적인 정체성을 회복하지 않는 한 진정한 의미의 정체성 확립은 어렵다고 지적한다.

파키스탄 기독교인의 90% 이상을 이루고 있는 펀자비(Punjabi) 기독교인들의 대부분은 기독교 가정에서 태어나 기독교 공동체의 일원이 되어 평생을 살아가지만, 모두가 지역교회의 일원이 되지는 않는다. 많은 기독교인이 교회에 출석하지 않고 세례를 받지 않았음에도 자신을 기독교인이라고 여긴다.[2]

이러한 상황은 나로 하여금 기독교인의 정체성에 대해서 그리고 교회에 대해서 다양한 질문을 하도록 했다. 무엇이 기독교인을 정의하는가? 기독교인들의 모임인 교회란 과연 무엇인가? 교회의 일원이 아니고 그리스도와 개인적인 관계가 없어도 여전히 그리스도인이라고 말하는 것이 타당한가? 그리스도를 구주로 고백하지 않은 사람들의 모임이 교회일 수 있는가? 하는 질문들이다.

이러한 기독교인의 정체성 그리고 교회에 대한 일련의 질문은 나로 하여금 성경으로 돌아가 '교회-하나님의 백성'의 정체성 대해 찾도록 했고 구약과 신약의 많은 책들 중에서 교회의 정체성이 중요한 주제인 에베소서로 이끌었다. 많은 사람이 흔히 에베소서는 우주적 교회에 대한 바울의 신학이 담긴 책으로 이해하고 있다. 에베소서가 교회에 대해서 특히 그리스도인들의 연합에 대해서 이야기하는 것은 사실이나, 에베소서는 태초 이전에 시작된 하나님의 선교의 파노라마와 그 안에서 에베소 교인들의 정체성과 소명을 이야기하는 선교적 문서로 읽는 것이 더 타당하다. 따라서 에베소서를 하나님의 선교의 핵심을 담은 책으로 이해해야 한다.

바울은 에베소에 살고 있는 신생 교회들에게 쓴 편지의 첫 부분인 찬송시(1:3-14)에서 하나님의 계획과 목적, 즉 하나님의 선교의 거대한 그림을 소개하고 있다. 이어지는 2장과 3장에서 바울은 이 하나님의 선교 이야기 속에서 에베소 교인들의 정체성이 무엇인지 말하고 4장, 5장, 6장에서는 하나님의 선교에 참여자로서 그들이 살아가야 하는 삶에 대해서 이야기를 전개하고 있다. 이것이 에베소서의 주된 이야기이다. 바울은 에베소에 있는 예수 그리스도를 믿고 구주로 섬긴 지 얼마 되지 않은 이방인들에게 그들이 예수 그리스도를 믿게 된 것이 우연히 일어난 일이 아니고, 하나님이 계획하고 주도하는 선교의 열매이며 또한 그들이 하나님의 선교의 참여자라고 가르치고 있다. 바울은 에베소 교인들의 정체성과 하나님의 선교에 참여자로서의 삶은 오롯이 삼위일체 하나님으로부터 시작되고 진행되고 완성된다고 에베소서 전체를 통해서 반복적으로 강조하고 있다. 새로운 이방인 기독교인들에게 하나님의 거대한 이야기의 참여자로서 그들의 정체성을 각인시키고 있는 것이다. 사도 바울은 에베소 교인들의 정체성이 예수 그리스도의 삶과 죽음 그리고 부활에 의해서 규정되지만 이미 그 이전 아브라함으로부터 시작되는 구약 시대 하나님의 백성이 갖는 정체성의 연속선상에 있다고 가르치고 있다.

이러한 에베소서의 전체적인 맥락 안에서 바울이 에베소 교인들에게 가르치고 있는 다양한 선교의 주제 가운데 이 글은 (1) 구약의 연속선상에 있는 새로운 하나님의 백성으로서 이방인 그리스도인들의 정체성 (2) 변방인으로 살아가야 했던 초대 그리스도인의 자리에서 하나님의 선교의 참여자로서 살아가기 위한 바울의 가르침을 살펴보고 (3) 이러한 바울의 가르침이 파키스탄 기독교 공동체가 그리스도인 그리고 하나님의 백성으로서의 정체성을 회복하는 데 어떻게 도움을 주는지 논의하겠다.

부르심과 보내심을 받은 믿음의 언약공동체

1. 정체성의 회복

선교사로 훈련을 받을 때 인상 깊게 읽은 책이 있다. 그 책은 찰스 크랩 (Charles Crabb)이 쓰고 김동화 선교사가 번역한 『복음과 커뮤니케이션』이다. 그 책의 핵심 내용 중의 하나는 메시지와 그 메시지를 전달하는 메신저는 분리될 수 없다는 것이다. 예수님의 메시지가 예수님의 사역과 인격에서 분리될 수 없듯이, 우리도 입으로만 아니라 우리의 인격과 삶으로 우리가 전하는 메시지를 전달해야 한다는 것이다. 그 책에 이러한 내용이 있었는지 가물가물하지만, 아직 예수를 모르는 사람들에게는 예수의 메시지를 전하는 우리가 바로 '예수'다라는 글이 마음에 많이 와 닿았다.

한동안 선교에 있어서 '행함'으로 대변되는 사회복음과 '선포'로 대변되는 복음주의의 긴장은 이제 그리스도의 가르침을 삶으로 실천하며 또한 증거하는 삶을 사는 세상으로 보내심을 받은 선교 공동체라는 그리스도인에 대한 정체성의 이해 안에서 서로 통합되고 화해하는 것으로 보인다. 이는 찰스 크랩이 말하는 메시지와 메신저의 분리 불가능성에 대한 예증이기도 하다. 세상의 빛과 소금으로 부르심을 받은 그리스도인들은 그들의 삶으로 그리스도를 증거해야 하며 동시에 복음을 선포함으로 이방에 그리스도의 주 되심을 전해야 한다. 이는 사도 바울이 에베소 교인들에게 "너희가 전에는 어둠이더니 이제는 주 안에서 빛이라 빛의 자녀들처럼 행하라"(엡 5:8)고 가르친 것과 베드로가 "이는 너희를 어두운 데서 불러 내어 그의 기이한 빛에 들어가게 하신 이의 아름다운 덕을 선포하게 하려 하심이라"(벧전 2:9)고 그리스도인의 정체성과 사명을 이야기한 것과 일맥상통한다. 마찬가지로 초대 그리스도인들은 그들의 삶을 통해서 예수 그리스도를 증거했으며 소망의 이유에 대해서도 담대히 전했다.

그러나 바울은 에베소 교인들에게 '그리스도인으로 행함'과 '그리스도를 선포함' 이전에 먼저 하나님의 선교 이야기와 하나님과의 관계 안에서 '그리스도인의 정체성'이 무엇인지 발견하는 것이 우선이라고 가르치고 있다. 그리스도의 인격과 사역이 세상에 보내심을 받은 하나님의 아들이라는 정체성에 그 근간이 있듯이, 그리스도인들의 삶과 사역도 자신들의 정체성에 대한 올바른 인식에서 출발한다는 것이다. 사도 바울은 에베소서를 통해서 그리스도인의 정체성은 '부르심-보내심' 그리고 '공동체적인 기념'을 통해서 정의된다고 가르친다.

파키스탄 펀자비 기독교인은 대다수가 19세기 말부터 20세기 초에 이르는 단기간의 집단 개종으로 그리스도인이 된 불가촉천민의 후손들이다. 상류 카스트를 먼저 전도하고 그들을 통해서 인도를 전도하고자 했던 선교사들의 초기 전략은 실패로 돌아갔다. 그러던 중에 불가촉 카스트 중의 하나인 추흐라(Chuhra) 계급에 속한 디트(Ditt)라는 사람이 힌두교로부터 개종한 나티(Natti)로부터 복음을 듣고 48km를 걸어서 사무엘 마틴(Samuel Martin) 선교사를 찾아가 세례를 요구하는 일이 발생했다. 선교사는 처음에는 충분한 교육을 받기 전에는 세례를 줄 수 없다고 거부했으나 끈질긴 디트의 요구와 그의 믿음을 확인하고 세례를 주게 되었다. 세례를 받은 디트는 함께 머물자는 선교사의 제안을 거부하고 자신의 마을로 돌아가 자신의 가족과 친척들을 전도하기 시작했고, 부인과 딸 그리고 두 명의 이웃을 첫 열매로 얻게 되었다. 그 후 디트는 자신의 일을 위해 방문하는 마을마다 복음을 전해서 수많은 사람들이 그리스도께 돌아오는 열매를 얻게 되었다. 디트는 현지인으로 인해 시작된 복음화 운동(mass movement)의 모델이 되었고, 1900년도까지 그의 카스트 중 절반이 세례를 받게 되었다. 이러한 결과에 자극을 받아 연합장로교회의 선교사들은 상류 카스트에게 집중되어 있던 관심을 낮은 카스트들에게 돌리게 되었다.[3]

그러나 이러한 구원의 역사를 가진 펀자비 그리스도인들은 불가촉천민이었던 자신들의 조상들과 현재 자신들이 처한 종교/사회/경제적 현실이 맞물려 자신들의 조상을 구원하고 하나님의 백성이 되게 하신 하나님의 은혜를 잊고 사는 경우가 많다. 자신들의 과거에 대해 망각하고 자신들을 구원하신 하나님의 은혜를 기억하지 않는다면 그리스도인으로서의 올바른 정체성을 찾기는 쉽지 않은 일이다.

이러한 펀자비 그리스도인들의 정체성 회복에 에베소서는 중요한 가르침을 주고 있다. 먼저 바울은 에베소 교인들의 정체성은 이미 구약에서의 하나님의 백성인 이스라엘의 연속선상에 있다고 가르친다. 히브리인 중의 히브리인(빌 3:5)으로서 구약에 능통했던 바울은 에베소서를 쓸 때 다양한 구약의 구절을 인용하고 암시함을 통해서, 지금 가르치고 있는 하나님의 선교와 하나님의 백성으로서 에베소서 교인들의 정체성이 구약에 그 뿌리가 있음을 말하고 있다. 바울은 서신서에 구약의 구절을 백 번 이상 인용하였는데 그 중 에베소서에서는 다섯 번 인용하였다. 비록 에베소서에서 인용의 숫자가 상대적으로 작지만, 그중 네 번(4:25, 26; 5:31; 6:3)은 구약의 인용임이 분명하게 드러난다.

바울은 에베소서에서 구약의 백성과 에베소에 있는 새로운 하나님 백성 공동체의 연속성만을 강조하지는 않았다. 바울은 구약에서 이스라엘과 이방인을 구별하듯이 하나님의 약속 안에서 "우리"인 이스라엘과 "너희"인 이방인의 구별을 에베소서 1:11-14, 2:3-10, 3:1-14 에 드러냄으로써 하나님께서 구약의 약속에 신실하신 분이심을 보여 주고 있다. 그러나 바울의 이러한 구분은 이스라엘이 새로운 그리스도 공동체보다 영적으로 더 우월하다는 것을 보여 주기 위한 것은 결코 아니다. 바울의 이러한 구분은 구약의 백성에게 주어진 동일한 약속과 계획이 이방인 가운데서도 이루어졌고, 이러한 결과 "우리"와 "너희"가 하나가 되고(3:14), 하나님께서 유대인과 이방인들을 위해서 미리 계획하신 목적을 위해서 살아가도록 창조되었음을(2:10) 알려주기 위한 것이다.

에베소 교인들이 구약의 하나님 백성의 연속선상에 있다면 펀자비 기독교인들도 마찬가지이다. 펀자비 기독교인들은 자신들이 믿는 종교가 서양의 종교가 아니라 천지창조 이전부터 시작되는 하나님의 계획과 목적에 그 뿌리를 두는 종교라는 것을 바울의 가르침을 통해서 깨닫고(1:4), 성령의 인치심과 보증(1:13-14)을 믿고 의지하며 살아야 할 것이다. 자신들이 믿는 것이 창세 이전에 뿌리를 둔 것임을 깨닫는다면, 이슬람 국가의 소수종교로서 그리고 서양의 종교로 오인을 받고 살아가는 그들에게 하나님 백성으로서의 존엄성을 회복시켜 줄 것이다.

2. 부르시고 보내시는 공동체

구약에서 하나님은 계속해서 자신의 백성을 부르시고 보내신다. 하나님은 포로 된 처지와 어두움에서 구하시고 또한 자신과의 관계를 회복시키기 위해 부르신다. 호세아는 하나님께서 이스라엘을 사랑하셨기 때문에 이집트에서 불러내셨다고 증거한다(호 11:1). 하나님께서는 지속적으로 자신의 백성을 어두움에서 불러내시고 새 하늘과 새 땅을 창조하시겠다는 약속을 주신다(사 65:17). 성경은 하나님께서 자신의 백성을 특별한 사명을 위해서 부르신다고 여러 곳에서 증거하고 있다. 이러한 목적이 가장 잘 드러나는 사건이 우리가 잘 아는 출애굽의 사건이다. 하나님께서는 애굽에서 종 노릇하던 히브리 백성을 압제 가운데서 해방시키시고 열방 가운데 하나님의 거룩한 백성으로 살라고 보내신다(출 19:4-7). 하나님의 부르심과 보내심은 이후에도 지속적으로 구약 전체에 걸쳐 반복되고 심지어 하나님께서는 이방인도 자신의 일을 이루시기 위해서 부르시고 보내신다 (렘 1:15).

이러한 하나님의 부르심과 보내심은 에베소 교인들에게도 그대로 적용된다. 일반적으로 에베소서의 전반부는 교리에 대한 설명, 그리고 후반부는 윤리적인 삶에 대한 명령으로 나누어진다고 이해한다. 여기서 에베소서의 전반부(1-3 장)는 부르심과 공동체적인 기념 그리고 후반부(4-6 장)는 보내심과 깊게 관련이 있다. 비록 바울이 "부른다"라는 단어를 사용하고 있지는 않지만, 하나님의 부르심을 "선택하다"($\dot{\epsilon}\kappa\lambda\acute{\epsilon}\gamma o\mu\alpha\iota$, 1:4; $\kappa\lambda\eta\rho\acute{o}\omega$, 1:11)라는 단어로 표현하고 있다. 구약에서 하나님은 모세(신 1:6)와 브살렐(출 31:2)을 특별한 목적을 위해서 선택을 하셨다.

하나님께서는 이방인 신자들을 자신의 계획과 뜻에 따라 그리스도 안에서 거룩하고 흠이 없도록 선택하신다(엡 1:4). 이러한 선택은 선택받은 자들만을 위한 것이 아니고 그들을 부르신 분의 목적을 이루기 위한 부르심이다. 예수도 자신이 원하는 자들을 특별한 목적(mission)을 위해서 선택하였다(요 15:16). 이는 헬라 철학자들에게 그들의 제자들이 먼저 접근하였던 것과 대조되는 것이다. 이러한 부르심에 근거하여 바울은 4 장부터 시작되는 에베소 교인들에 대한 자신의 권고를 시작한다(엡 4:1). 이 구절에서 바울은 구체적인 부르심이 무엇인지 설명하지 않는데, 이는 1-3 장의 모든 부분이 그 '부르심'의 내용이기 때문이다. 하나님의 부르심을 받은 백성으로서의 정체성을 가지고 이제 바울은 에베소 교인들에게 이 정체성에 합당한 삶을 살라고 이들을 세상으로 보낸다(엡 4:1).

마찬가지로 편자비 그리스도인들은 하나님께서 자신들을 부르시고 보내신다는 사실을 기억해야 한다. 전도가 쉽지 않은 상황에서 편자비 교회의 성장은 거의 자연적인 증가에 기대고 있다. 따라서 대부분의 그리스도인들은 기독교 가정에서 태어나서 살아간다. 아쉬케나즈는 편자비 기독교인들의 가장 큰 특징 중 하나로 명목주의(nominalism)를 꼽는다. 그는 약 90퍼센트 정도의 기독교인들이 자신들을 인종, 혈연 혹은 '교회 등록 교인'임을 통해서 그리스도인이라고 생각하지 예수 그리스도를 통한 하나님과의 살아있는 관계를 통해서 그리스도인이라고 여기는 것은 아니라고 주장한다.[4] 따라서 펀자비 그리스도인들이 하나님께서 그들을 어두움에서 불러내시고 새로운 사람으로 만드신 것(엡 4:24)을 인식하지 못하는 것은 어쩌면 당연한 것일 수도 있다. 그러나 펀자비 기독교인들에게 하나님께서 그들을 어두움 가운데서 부르시고 세상에 빛으로 보내셨다는 사실을 (엡 5:8) 깨닫는 것은 정체성 회복을 위해 너무나도 중요하다.

이러한 관점에서 에베소서가 주는 가르침을 되새겨 볼 필요가 있다. 먼저 펀자비 그리스도인들은 그리스도인으로서의 자신들의 정체성이 우연히 주어진 것이 아니라 창세 전에 그리스도 안에서 그들을 택하신(엡 1:4) 하나님의 계획에 의한 것임을 깨달아야 한다. 그들은 하나님이 모세를 통해서 이스라엘을 구원하셨듯이 디트라는 한 인물을 택하시고 그들에게 보내셔서 죄의 억압에서 구원하시고 자신의 자녀로 삼으셨다(1:13). 이러한 에베소서의 가르침은 펀자비 그리스도인들로 하여금 하나님 나라의 상속자로서의 존귀함과 하나님의 은혜와 영광의 찬송(1:6)으로서의 존재론적 정체성을 확인해 준다. 이러한 정체성의 회복은 종교-경제-사회적으로 억압받고 살아가는 펀자비 그리스도인들로 하여금 당당한 하나님 나라의 백성으로 살아가는 원동력을 제공한다.

두 번째로, 에베소서는 세상으로 보내심을 받은 하나님 나라 백성으로서의 정체성을 상기시킨다. 그들은 이방 민족에게 둘러싸인 이스라엘과 마찬가지로 믿지 않는 사람들에게 둘러싸인 거룩한 백성이다. 그들의 사회-경제적인 여건이 어떠하든지 에베소서는 그들은 거룩한 백성으로 부르심을 받았으며 그들의 이러한 정체성에 합당한 삶을 살아야 한다고 가르친다. 믿음의 조상인 디트는 이러한 구별된 삶의 좋은 모범을 보여 주었다. 디트는 친척과 이웃으로부터의 지속적인 억압에도 불구하고 증인의 삶을 사는 것을 멈추지 않았다.5 디트뿐만 아니라 1970년대까지의 기독교는 독립 후 파키스탄 사회의 성장에 큰 기여를 했는데 특히 교육, 의료, 과학, 체육 등의 분야에서 뛰어난 활약을 해서 'nation-builders'라는 명성을 얻기도 했다.6 펀자비 그리스도인들은 부름을 받고 보내심을 받은 정체성을 다시 한번 회복하여 그들을 어둠 가운데서 부르시고 세상에 빛으로 보내시는(엡 5:8) 하나님의 뜻에 따라 살아가야 한다. 카라치에 있는 성 도마 신학교의 학장인 퍼르베즈 술탄(Pervaiz Sultan)은 파키스탄 기독교인의 선교적 정체성에 대해 이렇게 쓰고 있다. "파키스탄의 기독교는 가치를 매길 수 없는 봉사, 사랑, 돌봄의 보석들을 담고 있는 작은 꾸러미이다. 파키스탄의 기독교는 작지만 그러나 너무나 중요한 존재이다."7 퍼르베즈 술탄의 이 말은 에베소 교인들을 향한 바울의 외침과도 일맥상통하다.

바울은 에베소 교인들에게 하나님께서 태초 전에 계획하시고 부르시고 세상에 하나님의 선한 일을 위해 보내셨다고 가르친다. 이와 마찬가지로 하나님께서는 에베소서를 통해서 펀자비 기독교인들에게 창세 이전에 그들을 부르시고 세상에 하나님의 선교를 완성하는 참여자로 보내심을 가르쳐 주시며, 하나님 나라 백성의 정체성을 회복하라고 말씀하신다.

3. 함께 기념하는 공동체

구약의 믿음 공동체는 하나님께서 그들에게 베푸신 일을 기념하는 공동체였다. 구약을 통해서 하나님은 이스라엘 공동체에게 지속적으로 하나님이 누구인지 그들에게 어떤 은혜를 베풀었는지 그리고 유대인들이 어떻게 포로의 생활에서 벗어나 하나님의 백성으로 이루어져 갔는지 기억하고 기념하라고 명령한다. 이러한 기념에는 출애굽 이전 이스라엘의 처참한 상태와 이들을 구원하신 하나님의 은혜가 포함되어 있다. 출애굽기 13:3 은 이러한 하나님의 명령을 요약해서 설명하고 있다. "모세가 백성에게 이르되 너희는 애굽 곧 종 되었던 집에서 나온 그 날을 기념하여 유교병을 먹지 말라 여호와께서 그 손의 권능으로 너희를 그 곳에서 인도해 내셨음이니라." 또한 이러한 기념은 개인이 단순히 과거를 회상하는 차원이 아니라 공동체 전체가 함께 모여 하나님의 하신 일을 기념하는 것이다. 하나님께서는 유월절을 하나님께서 계시는 곳에서 기념하라고 명령하셨다. 따라서 이스라엘 사람들은 성전으로 모여서 그곳에서 제사를 드리고 하나님의 백성 전체가 공동체로 함께 유월절을 축하하였다.

구원을 받기 이전 하나님 백성의 처참한 상태와 이들을 구원하신 하나님의 은혜에 대한 기념은 구약에서만의 사건이 아니다. 달(Dahl)은 에베소서를 회상과 축하의 편지로 읽을 것을 권고한다.[8] 추상적인 교리에 집중해 왔던 에베소서 읽기에 반해, 달은 에베소서가 독자들로 하여금 그들이 이전의 상태와 하나님께서 그들에게 베푸신 것을 기억하게 함으로써 그리스도인들이 진정으로 감사하고 겸손해지도록 한다고 말한다. 바울은 에베소서 2:11 에서 "생각하라"(μνημονεύω)고 명령함으로써, 에베소 교인들로 하여금 이방인이요 약속의 언약 밖에 있었고 하나님도 없는 자들이었던 그들이 이제는 그리스도 예수 안에서 그리스도의 피로 이스라엘과 화평하게 된 것을 지속적으로 기억하도록 한다. 바울은 두 단어 "그때에"(ποτέ, 2:11, 12)와 "이제는"(νῦν, 2:13)을 통해서 그리스도인들의 이전 상태와 하나님의 은혜로 구원을 받은 현재 상태의 극명한 대조를 강조하고 있다.

이러한 공동체적 기념은 구약과 신약의 하나님 백성의 연속선상에 있는 펀자비 그리스도인들에게도 해당된다. 앞에서 간단히 살펴본 바와 같이 대다수의 펀자비 기독교인들은 불가촉천민의 후손들이다. 스톡(Stock)은 기독교의 가르침을 통해서 그리스도인 중산층이 생겨났고, 1970 년대 이후로 그리스도인들의 지위는 불가촉천민의 지위에서 벗어났다고 평가한다.[9] 그럼에도 불구하고 여전히 파키스탄 대도시의 대부분 청소일은 그리스도인들이 하고 있고 이러한 청소의 일은 무슬림들에 의해서 정결하지 못한 일로 여겨지고 있다. 따라서 그리스도인들은 여전히 무슬림들로부터 부정하게 여겨지고, 무슬림들은 불가촉천민의 카스트인 '추흐라'(Chuhra)로 기독교인들을 부르고 있다. 과거의 오명으로부터 여전히 자유롭지 못한 기독교인들에게 과거는 머리 속에서 지워버리고 싶은 상처인 것이다.[10]

그렇다면 그들은 과거를 완전히 잊고 살아야 하는가? 그렇지 않다면 그들이 기억하고 기념해야 할 것은 무엇인가? 당연히 그들의 조상들이 탈출하고자 했던 처참한 불가촉천민의 삶을 기념하라고 하는 것은 아니다. 그럼에도 그들이 기억하고 기념해야 할 것은 어둠 속에 있던 그들의 상황이고 그 어둠으로부터 빛으로 인도해 낸 하나님의 은혜이다. 명목적인 그리스도인들이 많다는 것이 파키스탄 교회의 두드러지는 특징이다. 명목적인 그리스도인이라는 것은 펀자비 그리스도인들이 개인적으로 혹은 공동체적으로 구원하시는 하나님의 은혜나 그리스도의 구속적인 희생을 경험하지 못했다는 것을 의미한다. 스톡이 지적했듯이, 그들의 조상이 사회-경제적으로 주변인의 삶을 살아가고 사회에서 무시당했지만, 그들도 역시 죄인이었고 미신, 물신, 조상숭배 등을 행함으로 인해 그리스도 밖에 있었고 이스라엘 나라 밖의 사람이었고 약속의 언약들에 대하여는 외인이고 세상에서 소망이 없고 하나님도 없는 자들이었다(엡 2:11). 이러한 그들을 하나님께서는 디트라는 사람을 사용하셔서 그리스도의 피로 말미암아 외인도 아니고 나그네도 아니고 성도들과 동일한 시민이고 하나님의 권속으로 만드셨다(2:19). 펀자비 기독교인들은 모세를 사용하셔서 이스라엘을 구하신 역사와 비견되는 역사를 가진 것을 기념해야 한다. 마치 모세가 자신의 민족에게 돌아가 노예의 상태에서 해방하였듯이, 디트도 자신의 부족에게 돌아가 하나님께서 주신 자유를 선포하고 많은 이들을 공중의 권세 잡은 자들로부터 구했다. 추흐라(Chuhra)라는 불가촉천민의 상태는 가장 기억하기 싫고 되새기고 싶지 않은 것일 것이다. 펀자비 기독교인들은 불가촉천민과 연관된 꼬리표를 떼기 위해 그리고 현재의 사회-경제적 상태에서 벗어나기 위해 최선의 노력을 해야 할 것이다. 이러한 노력을 통해서 그들은 이웃들에게 더 나은 그리스도의 증인이 될 기회도 얻게 될 것이다. 초기의 펀자비 그리스도인들은 지금의 대다수 펀자비 기독교인들과 같은 명목적인 그리스도인들이 아니었다. 그들은 그리스도를 깊은 인격적인 관계 안에서 알고 사랑했다고 전해진다. 이러한 조상들의 믿음과 자신들을 택하고 구하신 하나님의 은혜와 계획을 기억하고 기념하는 것은 정체성 회복에 필수 불가결한 일임은 분명하다.

바울은 에베소에 살고 있는 새 신자들에게 그들의 부르심을 깨닫고 기념하며 살아가라고 권고한다. 그 바울이 오늘 펀자비 기독교인들에게 에베소서를 통해서 자신들을 그리스도인으로 부르신 하나님의 은혜를 기억하고 기념하며 부르심의 소명을 깨달음으로 말미암아 하나님 백성의 정체성을 회복하라고 권면하고 있다.

선교적 변방 공동체

한 사회에서 변방으로 밀려나서 생활하는 것을 바라는 사람은 많지 않을 것이다. 그러나 교회 역사에서 자발적으로 변방의 삶을 살고자 선택한 사람들이 있다. 바로 초기 기독교인들이다. 기독교 역사학자 퍼거슨(Everett Ferguson)은 로마의 상류층이 기독교인들을 어떻게 바라보았는지 설명하고 있다. 먼저 로마인들은 기독교를 미신 그 이상으로 생각하지 않았다.[11] 두 번째로 로마인들은 기독교인들을 '피를 먹는 집단', '부적절한 남녀관계를 맺는 집단' 등으로 생각했는데, 이는 기독교인들이 사용하는 용어를 오해하는 것에서 비롯되었다. 이러한 인식을 가지고 있던 로마인들이 기독교인들을 조롱하는 것은 아주 일반적이었다.[12] 세 번째로 기독교인들은 정치적인 문제나 혹은 자연재해가 발생했을 때 희생양으로 이용되었다.[13] 네로 황제는 주후 64년에 발생한 대화재를 기독교인들이 저질렀다고 뒤집어 씌우고 커다란 박해를 하였다. 기독교인들이 세상과 인간을 미워한다는 잘못된 오해를 하고 있었기 때문에 희생양으로 삼기에 가장 적절했던 것이다.[14]

로마인들의 기독교에 대한 오해와 부정적인 인식으로 인해 기독교인들의 삶은 그리 녹록지 않았다. 소아시아에서 가장 큰 로마의 도시였던 에베소 교인들도 1세기와 2세기에 기독교에 대한 증오로부터 자유롭지 않았고, 사회로부터 소외되었을 것이라고 가정하는 것은 타당하다. 크라이더(Alan Kreider)의 초기 기독교에 대한 평가는 이를 잘 반영하고 있다. "기독교인들은 힘의 중심으로부터 제외되었다. 따라서 그들은 중심으로부터 멀리 떨어진 삶의 방식을 개발하였다." 그리고 "그들의 개종은 일반적인 시민에서 일반 사회의 규칙으로부터 벗어나 집단의 광신적인 일원이 되는 것이었다."[15]

이와 같이 초기 기독교인들은 그리스도를 믿음으로 주류 사회로부터 벗어나 변방의 삶을 사는 것뿐 아니라 환란과 박해를 감당하며 살아가야 했다. 이러한 가운데 바울은 초기 기독교인들에게 하나님의 백성으로서 어떠한 삶을 살아야 하는지 구체적으로 가르치고 있다. 에베소서의 가르침 중에 하나는 "그리스도를 경외함으로 피차 복종하라"(엡 5:21)는 것이다. 로마 시대에 가족은 가장 기본적인 사회의 단위였고, 가족의 일원에게는 가족의 안녕과 더불어 부와 사회적 특권을 강화시켜야 하는 특정한 지위와 역할이 있었다. 로마의 가족은 부모, 자녀, 형제, 사촌, 조부모, 노예들로 이루어진 작은 사회였다. 따라서 바울에게 가족은 그의 가르침을 적용하고 더 큰 사회 단위로 확장할 가장 좋은 장소였다. 가족 안에서 가부장은 법적으로 세대주였고 가족 안에서 가장 높은 사회적 법적 지위를 가지고 있었다. 따라서 가부장은 언제나 부인이나 자녀 그리고 노예보다 우월적인 위치에 있었다. 스코트로프(Luise Schottroff)는 남성우월적인 가족 구조를 "의존적인 여성, 남성, 아이들에 대한 한 사람의 지배이다"라고 강조했다.16 가부장이 모든 구성원을 주장하는 권위를 가지고 있었으므로, 힘은 남편/아버지/주인에게 집중되었다. 따라서 남편/아버지/주인은 복종의 대상이었고 나머지 구성원들은 힘과 권위의 대상이었다.

이러한 문화적 상황에서 바울의 "그리스도를 경외함으로 피차 복종하라"(엡 5:21)는 말씀은 절대적인 권위를 가진 가장에게는 받아들이기 힘든 명령이었을 것이다. 이러한 명령은 힘의 중심에서 주변으로 섬김을 받는 자리에서 섬기는 자리로 내려오라는 명령이며, 동시에 다른 가정의 가부장들이 봤을 때 이해가 안 가는 혹은 조롱거리가 되는 행동을 해야 한다는 말이었을 것이다. 따라서 새로운 가정의 질서는 가부장으로 하여금 이미 섬김의 자리에 있었던 다른 구성원들보다 더 큰 변화를 요구하는 것이다. 이제 가부장은 자신의 할아버지, 아버지가 했던 억압적인 방법이 아니라 교회를 사랑하시고 그 교회를 위하여 자신을 주심 같이(엡 5:25) 아내를 사랑하고 돌보며, 자녀들도 폭력적인 방법이 아닌 주의 교훈과 훈계로 양육하고, 종들에게도 생명까지 취할 수 있는 위협에서 떠나 가장 높은 상전인 하나님을 두려워함으로 다스리는 전혀 새로운 방법으로 가정을 이끌어 갈 의무가 생긴 것이다.

사회의 가장 기초적인 단위인 가정의 그리스도 안에서의 새로운 모습은 로마 세계의 윤리와 규범과는 구별되는 새로운 규범을 제시하게 된다. 성령의 인도하심에 따라 기존의 사회 질서와는 구별되는 기독교인 가정의 질서와 행동은 비신자들에게 도전이 될 것이고, 그들로 하여금 새로운 질서에 대한 궁금증을 유발하고 그들을 그리스도로 이끌게 되는 요인이 되었을 것이다. 초기 기독교인들은 비록 로마 사회로부터 부정적으로 인식되었고 때로는 희생양이 되어 박해와 억압을 당했지만, 그리스도의 새로운 규범을 제시하고 또한 규범에 따라 살아감으로써 사람들을 그리스도로 이끌었다. 이는 세상의 힘으로 사람들을 이끈 것이 아니고 힘의 중심에서 벗어난 변방의 능력으로 이끈 것이다. 신영복이 『변방을 찾아서』에서 쓴 대로 변방은 그들에게 그야말로 창조의 공간이었다.[17]

초기 기독교인들과 마찬가지로 펀자비 기독교인들은 변방인의 삶을 살고 있다. 이들이 변방의 삶을 살고 있다는 것은 한 영역에만 그치는 것이 아니고 종교/경제/사회/문화/교육의 전 영역에 걸쳐 그러하다. 특히 헌법에 정해진 신성 모독법은 그리스도인들을 비롯한 소수종교인들에게 치명적인 위협이 되는 존재이다. 월브리지(Linda Walbridge)가 파키스탄 기독교인의 권리와 지위 그리고 그에 대한 신성모독법의 역할에 대해 정리한 글은 파키스탄 기독교인들의 상황을 이해하는 데 큰 도움이 된다.

태어난 순간부터 무슬림일 수 없는 기독교인들은 이슬람으로 정의되는 사회에 아주 불분명한 자리를 차지하고 있다. 기독교인들을 진정한 파키스탄인으로 인정되어야 하는지에 대한 의문이 늘 존재한다. 예를 들어, 만약에 '진정한 파키스탄인'이 무슬림이면 무슬림이 아닌 사람이 파키스탄의 귀중한 자산(특별히 땅)을 소유할 수 있는가와 같은 질문도 야기된다. 만약에 기독교인이 신성모독을 저질렀다면 이 질문의 답은 간단해진다. 이제 그는 무슬림이 아닐 뿐더러 이슬람의 적이 되므로 그 기독교인은 가질 수 있는 모든 권리를 박탈당하게 된다. 그리스도인이 청소부와 같은 자신의 기본적인 의무를 계속해서 실행하는 한, 사회의 일원으로서 역할을 감당하는 것이고 따라서 외부로부터 간섭을 받지 않게 된다. 그러나 그가 권리를 요구하는 순간 그는 사회 안에서 경쟁자로 인식되고 사회에서 수용이 가능한 한계를 넘은 위치에 있게 된다. 신성모독법은 이 목표를 달성하는 수단으로 사용된다.[18]

월브리지의 글이 외부인에게는 과장되어 보일 수 있으나 현재의 상태를 굉장히 잘 반영하고 있다. 기독교인은 신성모독법을 언제든지 어길 수 있는 잠재적인 범죄자들로 여겨지고 있다.

그럼에도 불구하고 이러한 변방의 삶이 펀자비 그리스도인들을 하나님의 선교에 참여하는 하나님의 백성으로 살지 않는 것에 대한 변명이 될 수는 없다. 초대교회 기독교인들은 펀자비 그리스도인들이 좌절하거나 절망하지 말고 자신들의 삶의 방식과 신학을 발전시키도록 격려하고 있다. 크라이더는 약함과 변방성을 초대교회의 특징으로 꼽았다.[19] 그러나 그들이 영적으로 약한 것은 아니었다. 바울은 에베소서의 마지막 부분에서 삼위일체 하나님께서 에베소 교인들이 부르심에 합당한 삶을 살아가기 위한 모든 것을 준비해 주셨다고 가르치고 있다(엡 6:10-19). 바울은 또한 스스로 자신의 약함으로 인해 그리스도 안에서 강하였다고 증언하고 있다(고전 12:10).

전 세계의 기독교 공동체 중에서 초기 그리스도인들과 바울의 고난과 박해를 몸소 체험하며 이해할 수 있는 공동체는 많지 않다. 펀자비 목회자인 아쉐르 윌슨(Asher Wilson)이 주장했듯이, 파키스탄 교회는 그리스도인들로 하여금 어려운 삶에서 빠져나올 수 있도록 모든 노력을 다해야 하고 그들에게 그리스도인으로서의 자긍심을 가질 수 있는 삶을 제공하도록 노력해야 한다.[20] 그러나 윌슨이 지적했듯이 이러한 일은 하루아침에 이루어지지 않는다. 변방 공동체로서 펀자비 그리스도인들은 자신들을 '거주 이방인'(resident aliens)이라고 불렀던 초기 기독교인들로부터 배워야 한다. 크라이더는 이방인 사회에서 하나님의 구별된 공동체로서 자신들의 정체성을 지키기 위해 초기 기독교인들은 그리스도의 가르침과 윤리적인 삶을 사는 데 집중했다고 평가한다.[21] 아마도 '거주 이방인'보다 펀자비 기독교인들을 더 잘 표현하는 말을 찾기는 어려울 것이다. 변방 공동체와 '거주 이방인'으로 살아가는 펀자비 기독교인들은 하나님이 파키스탄에 살게 하신 그 이유를 찾으며 선교적 공동체가 되는 길을 모색하여야 할 것이다.

이러한 펀자비 기독교인들에게 바울이 에베소 교인들에게 준 가르침은 선교적 공동체가 되기 위해 귀를 기울여 들을 가치가 있다. 먼저 바울은 그리스도의 몸이 성숙하고 성장하기 위해서는 개개인의 신자가 건강하고 서로 적절히 연결이 되어 있어야 한다고 가르친다(엡 4:16). 대다수의 펀자비 기독교인들의 교육수준이 매우 낮아서 공용어 성경을 읽고 이해하기 어려운 형편에 있다. 이러한 상황에서 한국 등에서 행해지는 일반적인 성경공부를 통해서 이들의 믿음을 성장시키는 데는 한계가 있다. 기독교 지도자들은 예배를 인도하거나 결혼 장례를 집전하는 등 기존에 집중하던 사회적인 역할을 넘어 신자들이 가장 잘 이해할 수 있는 형태로 된 모국어 성경의 사용을 촉진하고 성경의 가르침을 실생활에 적용하고 지킴으로써 올바른 신앙을 가진 그리스도인이 되도록 도와야 할 것이다.

또한 펀자비 그리스도인들은 게토화된 자신들의 삶을 극복하는 노력을 함과 동시에 하나님의 구별된 백성으로서의 변화된 모습을 공동체적으로 보여주도록 노력해야 한다. 바울은 에베소의 새 신자들에게 그리스도인들은 그리스도 안에서 선한 일을 위하여 지음을 받았다(엡 2:10)고 가르친다. 낙후한 지역에서 함께 살아가고 있는 현재의 주거 환경이 바람직하지는 않은 것은 분명하다. 그러나 이러한 집단 주거가 외부인들에게 눈에 띄는 변화를 보여 줄 수 있는 기회이기도 하다. 바울이 에베소 교인들에게 가르친 것처럼 펀자비 그리스도인들은 자신들이 하나님의 선교를 위해서 창조되었다는 것을 깨달아야 한다. 그리고 공동체가 함께 윤리적인 삶을 실천하는 것이 하나님의 거룩한 백성이라는 정체성을 회복시키며 이웃들에게 하나님께서 함께하심을 보여 줄 수 있는 기회라는 것 또한 깨달아야 한다. 이러한 변화를 통해서 더 이상 무슬림들에게 '부정한'(*napak*) 사람들이 아닌 거룩하고 '깨끗한'(*pak*) 하나님의 백성임을 보여 주고 그들이 그리스도께로 오는 길을 열게 될 것이다.

결론

파키스탄 펀자비 교회의 경험은 그리스도인이 누군가에 대해 다시 한번 생각할 기회를 제공하였고 보편적 교회의 특징을 설명한 책으로 이해했던 에베소서로 인도했다. 에베소서를 하나님의 선교의 틀 안에서 읽음으로써 기존의 이해를 넘어서 하나님의 선교의 참여자로서 그리스도인들의 정체성과 책무, 그리고 하나님께서 자신의 백성을 선교를 위해 만들어 가심을 계시하시는 내용이 담겨 있음을 보게 되었다. 하나님 백성의 연속성을 가지고 있는 에베소 교회는 이 연속성을 이어 받고 있는 펀자비 그리스도인들에게 동일한 가르침을 전달하고 있다. 바울은 에베소서를 통해서 변방의 억압받는 공동체로서의 펀자비 교회에게 창세 이전에 하나님의 계획으로 인해 선택받았다는 자긍심을 회복하고 하나님의 선교에 적극적인 참여자로 자리매김하라고 격려하고 있다. 또한 에베소서의 선교적 읽기와 펀자비 기독교의 상황은 한국의 그리스도인들에게 우리의 정체성이 무엇인지에 대해 고민하도록 독려한다. 하나님의 부름을 받고 세상으로 보냄을 받은 한국의 그리스도인들은 그리고 한국의 교회는 누구인가? 바울은 그리고 펀자비 교회는 우리에게 질문하고 있다. 아무쪼록 파키스탄 교회가 하나님의 선교의 적극적인 참여자로 함께 하는 날을 기대하며 글을 마무리하도록 하겠다.

5

이주 근로자와 아브라함 이야기 선교적 읽기

이주 근로자와 아브라함 이야기 선교적 읽기

김강석

들어가는 말

필자는 10 여 년간의 선교지 사역에 이어 본부사역으로 한 텀을 보낸 후 국내 이주민 선교로 사역을 전환한 지 2 년이 되었다. 최근까지 길지 않은 시간 동안 국내 이주민 선교의 현장을 돌아보며, 이주민들과 함께하는 성경 읽기와 성경공부를 포함한 양육이 타문화 선교 현장에서 하는 것과 다른 측면이 있다는 것을 알게 되었다. 이주민 사역 현장에서 이주민들과 성경공부를 하는 것, 더 나아가 선교적 성경 읽기를 하는 것이 실제로 어떠한지 경험해 보기 위하여 본 프로젝트를 시작하게 되었다.

특별히 선교적 성경 읽기에서 거대한 서사와 독자의 자리라는 관점을 고려하여 아브라함 이야기를 본문으로 선정함으로써, 하나님의 선교로의 부르심과 동시에 이주민의 삶으로 부르심을 받은 아브라함의 이야기가 모국을 떠나 한국에서 이주민으로 살아가는 독자에게 어떻게 읽히고 해석되는지 보고자 하였다. 복음서 등 신약성경 중심의 성경이해가 많은 캄보디아 교회와 성도들에게 창세기의 아브라함 이야기가 어떻게 읽히며 어떤 유익을 주는지 살펴보는 것 역시 아브라함 이야기를 선정한 동인 중 하나이다. 더불어 프로젝트를 실행하면서 이주 근로자라는 불안정한 자리에 있는 사람들과 함께 성경을 공부한다는 것이 어떠한지에 대하여 살펴보고 자 하였다.

선교적 성경 읽기 실제

1. 그룹 소개

아브라함 이야기 선교적 성경 읽기를 같은 본문과 내용으로 두 곳에서 진행하였다. 신앙 경력이 10 년이 넘은 캄보디아 이주 근로자 A 자매와의 모임이 하나이고, 기독교 신앙 배경이 없이 교회가 제공하는 쉘터에 거주 하는 20 여 명의 캄보디아 근로자 그룹이 다른 하나이다. 두 개의 모임은 다음과 같다.

A 자매

A 자매는 2022 년 8 월 23 일 외국인 근로자 고용허가제로 비전문인력 (E-9) 비자를 받아 한국에 입국한 던소리야 자매이다. 입국과 동시에 A 자 매가 배치받은 사업장은 경남 밀양의 한 깻잎 농장이었다. 깻잎 농장에서 6 개월을 일한 후에 농장주의 허락을 받아 2023 년 2 월에 경기도 여주에 위치한 사업장으로 일자리를 옮겨 2023 년 9 월 현재까지 일하고 있다. 새 로운 사업장에서 A 자매가 하는 일은 계란 포장과 관련된 일이다. 하루에 3 만 판의 계란을 출고하는 공장에서 오전 9 시부터 저녁 6 시까지 정규 근 무를 하고, 3-4 시간의 추가 근무를 일주일에 5 회 정도 한다. 퇴근 시간은 거의 매일 밤 10 시를 넘긴다. 매일 이어지는 야근으로 힘들지만, 일할 수 있는 것 자체가 감사하고 수고한 만큼의 급여를 더 받을 수 있다는 기대감 으로 견딘다. 주일은 정기 휴일이다.

A 자매는 집에서 멀리 떨어진 중학교 진학을 위하여 교회가 운영하는 기숙사에 머물면서 신앙을 가지게 되었다. A 자매는 그 과정을 다음과 같이 말했다.

나는 초등학교 때에는 기독교를 매우 싫어했습니다. 먼저 예수님을 믿은 언니가 기독교 이야기를 해 주었으나 듣기 싫었습니다. 아버지가 경제적인 이유로 무료로 운영하는 교회 내 기숙사에서 생활하라고 말할 때는 싫어서 울기도 했습니다. 하지만 교회에서 생활하며 예배에 참여한 지 1 개월쯤 되었을 때부터 설교 말씀이 이해되기 시작했고, 6 개월쯤 되었을 때 헌금을 하기 시작했습니다. 중학교 2 학년이 되었을 때 예수님이 구원자이심을 믿게 되었고, 이후로 고등학교를 졸업하고 캄보디아의 수도인 프놈펜에서 대학 학업과 공장 일을 병행하면서도 프놈펜의 한 교회에 출석하며 믿음생활을 지켜왔습니다.

필자와는 A 자매가 청소년 시절 5 년 정도를 필자가 섬기는 교회에 출석하면서 관계가 맺어지게 되었다.

한국에 와서 A 자매가 신앙생활을 유지하기는 쉽지 않았다. 처음 일했던 농장에서는 주일에도 일해야 했으며, 낯선 환경에 혼자서 교회를 찾아갈 수도 없고 교회를 안내해 주는 사람도 없었다. 여주시로 옮겨온 이후에 자동차로 30 분 정도의 거리인 이천시에 캄보디아 예배 공동체가 있다는 이야기를 들었으나 주일 예배에 참여하지 못하고 있다. 일터에서 점심시간에 주어지는 30 분 정도의 여유 시간에 필자와 함께 성경 읽기를 시작하였고, 3 개월쯤 지난 후 주일 오후에 필자와 선교적 성경 읽기 스터디를 시작하였다. 그 시점에 자매가 거처하는 기숙사 가까이에 있는 작은 교회 (한국인 교회)를 찾아가 인사하고 주일예배에 참석하기 시작하였다. A 자매는 멀리 있는 캄보디아교회보다는 가까이 있는 한국교회에 가기를 원했다. 한국에 오기 전 프놈펜에서 다니던 교회로 송금하던 십일조 헌금을 출석하기 시작한 한국교회로 옮기려 하고 있다.

B 그룹

B 그룹의 사람들은 경기도 평택시에 위치한 꽃동산 캄보디아교회(박요한 목사)에서 운영하는 쉘터에 거주하는 근로자들이다. 이들은 쉘터에 장기적으로 거주하는 사람들이 아니고, 회사를 옮기는 과정에서 새로운 회사를 찾기까지 1-3 개월 정도 단기간 쉘터에 머무는 근로자들이다. 교회는 쉘터 사역을 통하여 이들에게 숙소와 식사를 무료로 제공해 주며, 이들의 다양한 필요를 채워주고 섬긴다. 쉘터에 거주하는 이주민들은 낮에 새로운 일자리를 찾는 등 자신들의 시간을 보내고, 저녁에 함께 모여 성경을 읽고, 기독교 신앙을 배우는 시간을 가진다. 이들은 대부분이 이전에 한 번도 교회에 가보지 않은 사람들이지만, 쉘터를 통하여 교회에서 도움과 관심과 사랑을 경험하면서 기독교에 대한 열린 마음을 가지고 있다.

필자는 이곳에서 이들과 성경 이야기, 하나님 이야기, 예수님 이야기로 매주 한 번씩 1 년간 모임을 해 오던 중에 '이들과 선교적 성경 읽기를 할 수 있을까?'라는 생각을 하게 되었다. 성경 지식이 미미한 비그리스도인 이주민과 함께 성경의 거대 서사를 배경으로 아브라함 이야기 선교적 성경 읽기를 한다면 그들에게 성경은 어떻게 읽힐 것인가? 이것이 그들이 기독교를 이해하고 믿음을 향한 발걸음을 내딛는 데에 어떤 유익이 될 것인가? 이러한 질문들을 하면서 B 그룹과 선교적 성경 읽기를 시작하였다.

2. A 자매와의 진행

1 차 모임

2023 년 7 월 23 일 주일, A 자매의 회사 기숙사 인근에 있는 작은 한국

인 교회에서 함께 주일 예배를 드리고 첫 모임을 가졌다. 모임 장소는 손님이 적어 조용한 롯데리아 매장으로 하였다. 공부를 시작하기에 앞서 본 선교적 성경 읽기의 배경과 진행 계획을 간략히 설명해 주었다. 창세기 12-24 장에 기록된 믿음의 조상 아브라함 이야기를 주제로 주 1 회씩 6 회를 진행하되, 선교적 관점을 가지고 성경을 읽고 공부할 것이다. 모임 가운데 나눈 이야기들을 정리하여 선교사 모임에 발표할 예정이며, 정확한 내용 정리를 위해 모임을 음성으로 녹음할 것을 제안하고 허락을 받았다. 필자의 아내가 모임에 함께 참석하였다.

첫 모임의 본문은 창세기 12:1-4 로 하고, 제목을 '아브라함을 부르시는 하나님'으로 하였다. 본문배경에 대한 설명과 배우고 나눌 질문이 담긴 유인물(handout)을 캄보디아어로 만들어서 모임마다 제공하였다.

성경의 거대 서사에 대한 이해를 위하여 본문에 등장하는 아브라함이 신구약 성경 전체에서 어떤 인물로 얼마만큼 중요하게 다루어지는지 확인하고, 아브라함에게 말씀하시는 하나님이 어떤 분인지를 창세기 1-11 장을 배경으로 살펴보았다. 이어서 A 자매 본인이 알고 있는 하나님은 어떤 분이시며, 어떤 과정을 통해서 하나님을 알게 되었는지에 관한 질문에 A 자매는 앞서 소개한 자신의 신앙 이력을 말해 주었다. A 자매는 일상 속에서도 하나님의 뜻과 인도하심을 구하는 어느 정도 성숙한 믿음을 가지고 있는 듯 보였다.

여호와의 말씀을 따라 고향과 아버지의 집을 떠나는 아브라함의 삶이 어떠하였을 것인가에 대하여 나눌 때, A 자매는 떠남으로 인한 어려움 가운데 가장 큰 어려움은 헤어짐의 어려움이라고 하였다. 해외 이주 근로자로 가족과 떨어져 살고 있는 본인이 느끼는 헤어짐의 아픔이 그대로 드러나는 답변이었다. 처음 한국에 왔을 때 발전한 한국의 모습이 멋지게 보였으나, 이내 두려움과 염려에 휩싸였던 자신의 경험을 나누었다. 낯선 환경

낯선 문화에서 어떻게 해야 할지 모르는 것이 힘들었고, 가장 힘든 것은 아는 사람이 없고 의지할 사람이 없는 것이었다. 의지할 대상이 없는 것은 자신을 지치고 낙심케 하였다. 한편 그러한 환경은 하나님과 더 가까워질 수 있는 기회이고 하나님께 나아가는 시간이 되었다고 고백하였다. A 자매의 고백은 하나님께서 아브라함에게 고향과 아버지의 집을 떠나라고 명하심에는 이 같은 이주의 삶을 통하여 아브라함이 하나님과 더 깊은 관계를 맺도록 하시는 하나님의 뜻이 있음을 필자가 새롭게 발견하도록 해 주었다.

여호와께서 아브라함에게 복을 주시고 모든 민족에게 복을 주시겠다는 약속은 하나님의 선교의 시작점이면서 중심을 이루는 이야기로 볼 수 있을 것이다. 이에 대하여 A 자매는 하나님께서 아브라함을 선택하셨기 때문이며, 하나님의 계획하심 때문이라고 교리적으로 이해하고 있었다. 선교적 성경 읽기가 왜 필요한지 드러나는 부분이다.

복 주시기 원하시는 하나님께 A 자매가 구하는 복은 먼저 부모님이 예수님을 믿는 것이고, 두 번째는 평안하고 행복한 가족이 되는 것이며, 세 번째는 부모 형제 가족 모두가 건강하게 지내는 것이다. 하나님께 구하는 복 세 가지가 모두 가족들을 위한 것이다. 본인보다는 가족을 위해서 타국에서 이주민 근로자로 살아가는 A 자매의 가족 중심적인 마음이 보인다. 본인을 위해 구하고 싶은 복은 없느냐고 물으니, 본인의 미래와 결혼을 위해서 구한다고 하였다. 이주 근로자 대부분이 추구하는 '많은 돈'의 복이 A 자매가 원하는 복의 목록에 없는 것은 특별하다.

하나님의 말씀을 따라 고향과 아버지의 집을 떠나가는 아브라함의 이야기가 이주민이요 이방인으로 살아가는 크리스천 이주 근로자 A 자매에게는 바로 자신의 이야기로 읽히고 있다. 그리고 이주민들에게 '가족'은 그들이 이주민이 된 이유이면서 또한 이주민으로서의 어려움을 참고 견뎌낼 힘이 되고 있음도 보았다.

2 차 모임

7 월 30 일 주일 오후 5 시 30 분에 A 자매의 기숙사 인근 카페에서 만나 1 시간 반 동안 모임을 가졌다. 이번 모임에는 A 자매와 기숙사를 함께 사용하는 동료 직원 한 명이 동석하였다. 동료 직원은 크리스천이 아니나 모임 직전 A 자매와 함께 볼일을 보고 오는 중이었기에 동석하였다. 성경공부가 산만해지지 않을까 염려가 되었으나, 동료 직원은 시종일관 우리의 대화를 관심 있게 들었고, 나눔에도 참여하였다.

본문은 창세기 12:5-15:21 로 하고, 제목을 '아브라함에게 자신을 알리시고 언약을 맺으시는 하나님'으로 하였다. 아브라함이 애굽에서 아내 사래를 빼앗기는 이야기에서 A 자매는 사라를 누이라고 거짓말을 한 사람은 아브라함인데, 하나님은 오히려 애굽의 바로를 벌하신 이유가 무엇인지 질문하였고, 이를 통하여 하나님이 약속을 맺은 아브라함을 친히 지키시고 보호하고 계심을 나누었다. 하나님께서 아브라함을 도와주신 이유에 대하여 하나님께서 아브라함을 선택하셨기 때문이라고 하였다.

하나님의 도우심으로 당신이 어려움을 잘 극복한 경험을 나누어 보자는 질문에 A 자매는 본인이 한국에 오는 과정에서 하나님께서 도우신 이야기를 하였다. 자신은 한국에 근로자로 오기 위하여 2018 년 하반기에 한국어 시험에 합격하였다. 한국으로 오기를 기다리고 있는데, 코로나가 발생하고 한국어 시험 합격 유효기간인 2 년이 넘도록 한국으로 오지 못했다. A 자매는 한국으로 꼭 올 수 있기를 계속 기도하였다. 그사이에 같이 시험을 쳐서 합격한 다른 사람의 이름은 합격자 명단에서 지워졌으나, 자신의 이름은 지워지지 않았다. 하나님께서 도와주신 것이다. 2 년이 지나고 다시 2 년이 되어 합격 유효기간이 만료되기 2 주 전에 한국행 날짜가 잡히고 한국에 오게 되었다. 주님께서 한국으로 가게 하신다는 믿음이 있었고, 주님께서 그렇게 해 주셨다.

창세기 12 장과 13 장에 아브라함이 옮겨 다니면서 새로운 지역에 도착할 때마다 그곳에서 제단을 쌓고 여호와의 이름을 불렀다는 말씀(12:7-8; 13:4, 18)을 함께 찾아서 읽은 후에, "당신이 새로운 곳에 갔을 때 생각하는 것은 무엇인가?"라는 질문을 하였다. 옆에서 듣고 있던 동료 자매가 먼저 대답했다. 지금 여기 한국에 와서 항상 어머니를 생각한다고 하였다. 언제 어머니가 많이 생각나느냐는 추가 질문에 자매는 항상, 언제나 엄마 생각을 한다고 하였다. 한국에 온 지 10 개월이 된 30 세 캄보디아 자매의 대답에 어머니를 그리워하는 마음이 가득 담겨 있었다. 자매의 몸은 한국에 와 있으나, 그의 마음은 여전히 모국 고향에 남아 있는 듯 보인다. 자매와 비교하여 아브라함을 생각해 보니, 아브라함은 고향과 아버지의 집을 떠나온 이후로 육신의 고향과 육신의 아버지가 있던 마음의 자리를 여호와께 제단을 쌓고 여호와의 이름을 부르는 것을 통하여 여호와 하나님으로 채워가고 있는 것으로 보였다. 이주민의 시각을 빌려 필자도 아브라함 이야기를 새롭게 읽는 경험을 한다.

창세기 13 장에서 아브라함이 자신의 목자와 롯의 목자가 싸우는 상황을 어떻게 해결하는지 그 내용을 파악한 후, 아브라함은 어떻게 이타적인 마음으로 롯에게 거주지를 선택할 결정권을 먼저 줄 수 있었을까라는 물음에 대하여 A 자매는 첫째 롯은 외적 환경을 먼저 보았지만, 아브라함은 하나님의 뜻을 생각했기 때문이며, 둘째 아브라함과 롯이 한 가족(친척관계)이기 때문이라고 하였다. A 자매 본인도 여동생과의 관계를 생각하면 많은 것을 자신이 양보하는데, 그렇게 할 수 있는 것은 단지 그가 동생이기 때문이라 하였다. A 자매의 성경 읽기에서 '가족'이 자주 등장하는 것은 오늘날 한국 젊은이들의 성경 읽기와는 사뭇 다른 읽기로 여겨지는 부분이다. 해당 본문을 '가족'이라는 연결고리를 가지고 읽는 것은 캄보디아 민족의 성경 읽기의 특징이면서 더욱이 이주민의 성경 읽기의 특징으로 볼 수 있을 것이다.

3차 모임

8월 6일 오후 4시에 페이스북 메신저로 연결하여 온라인으로 1시간 30분 모임을 가졌다. 필자의 지방 일정으로 주일 모임을 가질 수 없어 토요일 퇴근 후 저녁에 만나서 하기로 사전 약속을 하였으나, 토요일에 A 자매의 컨디션이 좋지 않아 하지 못하고 주일에 온라인으로 진행하였다.

본문은 창세기 16:1-17:27로 하고, 제목을 '아브라함의 노력이 아닌 하나님의 일하심'으로 하였다. A 자매는 창세기 16장에서 아브라함이 하갈을 통하여 이스마엘을 낳는 과정과 배경에 사라가 아이를 낳지 못하는 문제가 있음을 정확히 이해하고 있었다. 반면 하나님께서 아브라함에게 큰 민족을 이루게 하시리라는 축복의 말씀이 이스마엘의 출생으로 시작되었다고 이해(해석)하였다. 잘못된 이해이지만, 충분히 그렇게 이해할 수 있는 부분이라 여겨진다. 당시에는 아브라함도 그렇게 생각하였을 것이다. 이어지는 17장을 공부하면서 하나님께서 왜 아브라함과 사라에게 이삭을 주셨는지 나누었다.

하나님께서 이스마엘이 아닌 이삭을 통하여 언약을 맺으신다고 말씀하신 이유에 대하여 처음에 A 자매는 이스마엘은 여종 하갈이 낳았고, 이삭은 하나님께서 주신 아들이기 때문이라고 하였다.

"자신의 노력이 아닌 하나님의 은혜로 좋은 결과나 열매를 맺은 적이 있는가?"라는 질문에 A 자매는 한국에 일하러 온 것이 자신의 힘이 아닌 하나님 은혜의 선물이라고 하였다. 하나님 언약의 성취가 아브라함의 노력으로 이루어진 것이 아닌 것처럼, 자신에게 있어서도 노력의 결과와 하나님의 선물(은혜)은 다르다는 것을 자신의 상황에 비추어 알게 되었다고 하였다. 하나님을 신뢰하고 의지하는 자가 되기를 기도하며 모임을 마쳤다. 온라인으로 모임을 하여 더 깊이 있는 나눔이 되지 못한 것이 아쉬웠다.

4 차 모임

두 주간을 모임을 갖지 못하였고, 8 월 26 일 토요일 저녁 7 시 30 분부터 1 시간 30 분 동안 A 자매가 출석하기 시작한 지역교회에서 모임을 가졌다. 일주일 중에서 A 자매와 모임을 가질 수 있는 거의 유일한 시간은 주일 오후인데, 필자의 사역 일정 때문에 한 차례 모임을 갖지 못하였다. 이후로는 A 자매가 매 주일 오후에 선교단체에서 운영하는 한국어 교육에 참여하게 되면서 성경공부를 위한 별도의 시간을 내기가 어려워졌다. 이러한 사정으로 성경공부를 인도하는 필자의 제안으로 토요일 저녁 퇴근 후 바로 모임을 갖기로 하였다. A 자매는 매우 피곤하고 지친 모습으로 모임에 왔고, 필자는 그제야 토요일 오후가 A 자매에게 한 주간의 피로가 쌓여 가장 피곤하고 힘든 시간이라는 것을 알게 되었다. 한 주간의 피로를 풀고 쉬어야 하는 시간에 모임을 가지는 것에 미안한 마음이 들었다. A 자매는 피곤함에도 불구하고 성경공부에 참여하는 성실함을 보여주었고, 모임을 마칠 때에는 활기를 회복하여 감사하였다.

본문은 창세기 18:16-19:29 로 하고, 제목은 '아브라함의 기도를 들으시는 하나님'으로 하였다. 소돔과 고모라의 심판에서 롯을 구원하여 주시고, 아브라함의 기도에 아비멜렉과 그의 아내와 여종을 치료하사 출산하게 하시는 이 모든 것이 창세기 12 장 3 절에서 말씀하신 "너를 축복하는 자에게는 내가 복을 내리고 너를 저주하는 자에게는 내가 저주하리니 땅의 모든 족속이 너로 말미암아 복을 얻을 것이라"는 약속을 이루시는 것임을 이해하고자 하였다.

A 자매는 여호와께서 소돔과 고모라에 하려고 하는 것을 아브라함에게 숨기지 않고 말씀하시는 이유를 아브라함으로 하여금 소돔과 고모라에 구원의 복음을 전하도록 하기 위함이라고 하였다. 비록 이 말이 정확한 대답은 아니라고 할지라도 A 자매는 죄인이라도 구원하기 원하시는 하나님에 대한 이해를 가지고 있었다.

소돔성에 심판을 내리기에 앞서 천사들이 머뭇거리는 롯을 기어코 피신시켜 멸망을 피하도록 구원해 준 것은 하나님께서 롯을 선택하셨기 때문이며, 롯이 하나님을 알게 하려고 롯을 심판에서 구원하여 주셨다고 답하였다. 롯에게 은혜를 베푸시고 롯을 구원하는 하나님을 알고 있으나, 롯을 구원하시는 이유와 배경에 아브라함이 있음을 깨닫지는 못하고 있었다. 본문이 말하는 정확한 뜻을 파악하고 이해하기 위하여 성경을 거대 서사로 읽어야 할 이유를 찾을 수 있는 지점이다. 여호와께서는 아브라함을 통하여, 아브라함의 중보기도를 들으시고 롯을 심판에서 구원하여 주셨다. 이처럼 하나님은 예수 그리스도를 통하여 예수 그리스도의 중보를 인하여 죄인인 우리를 구원하시는 분이심을 이야기하였다. 아브라함 이야기를 거대 서사로 읽을 때 자연스럽게 예수 그리스도의 구원 사역을 이야기하고 나눌 수 있었다.

A 자매와 수차례 성경공부를 해 오면서 두 가지 상반된 생각이 든다. 하는 피곤하고 힘든 근로자의 소중한 휴식 시간을 빼앗는 듯하여 미안한 마음이고, 다른 하나는 힘들고 무리하게 진행하는 듯하지만 이렇게 하지 않으면 말씀을 보며 하나님 앞에 나아가는 시간을 가질 수 없다는 것이다. 성령님께서 역사하지 않으시면 이주민이라는 힘든 환경에서 말씀을 추구하며 주님을 바라보는 삶을 살 수 없을 것이다. 성령님의 도우심을 더욱 간절히 구하게 된다.

아브라함이 롯의 구원을 위하여 그렇게 간절히 간구한 것처럼 한 사람의 이주민을 위하여 그렇게 특별한 관심과 사랑과 중보를 할 수 있는 선교사가 되기를 간절히 소망하는 마음을 새롭게 다지게 된다.

5차 모임

9월 3일 주일예배를 마치고, A 자매가 참여하는 한국어 수업 교실에서 한국어 수업이 시작되기 전 1시간 20분 동안 모임을 가졌다. 본 성경공부 모임이 시작되고 5회차 모임에 이르기까지 매번 시간과 장소가 변경되었다. 이주 근로자와 정기적으로 성경공부 모임을 하기가 쉽지 않다고 생각했다.

창세기 21:1-22:19을 본문으로, 제목을 '하나님을 경외함으로 아들 이삭을 아끼지 않는 아브라함'으로 하였다. 아브라함과 사라가 아들 이삭을 얻은 후에 사라는 아브라함에게 이스마엘을 내쫓으라고 요구하는 본문에 대한 나눔을 하는 중에 A 자매는 본인이 중학교 때 거주하던 교회 기숙사가 갑자기 문을 닫으면서 쫓겨나와야 했던 기억을 떠올렸다. 당시 교회 목회자의 결정에 따라 교회에서 나와야 했고, 본문에서 이스마엘은 사라의 결정에 의해 쫓겨나고 있는 것으로 이해하였다. 사라와 아브라함이 이스마엘을 쫓아 보냈으나 하나님은 이스마엘을 지켜 주셨고 큰 민족을 이루어 주리라고 약속해 주신다. 아브라함이 육신의 힘으로 낳은 자녀이지만 이스마엘까지 돌보시는 하나님의 은혜로우심을 나눌 수 있었다.

하나님은 아브라함이 가장 소중히 여기는 아들 이삭을 번제로 드리라고 말씀하시면서 아브라함을 시험하신다. A 자매는 하나님께서 아브라함의 믿음을 시험하고 계시며, 아브라함은 지금까지 많은 어려움을 경험하면서 이를 통하여 하나님이 어떤 분인지를 알고 있기에 믿음으로 순종할 수 있었다고 하였다. 아브라함이 하나님의 부르심을 받아 갈대아 우르를 떠난

후로 하나님께서 인정하시는 믿음을 갖기까지 40 여 년의 시간이 걸렸음을 나누었다.

하나님께서 가장 아끼고 소중히 여기는 것을 드리라고 한다면, A 자매는 그것이 쉽지는 않겠지만 결국은 하나님께 드릴 것이라고 하였다. 우리의 신앙과 삶에 아브라함과 같은 여호와 경외함이 있기를 기도하며 모임을 마쳤다.

3. B 그룹과의 진행

1 차 모임

2023 년 7 월 26 일 수요일 쉘터를 운영하는 꽃동산 캄보디아교회 예배실에서 저녁 8 시 30 분부터 1 시간 15 분 동안 첫 모임을 가졌다. 쉘터에 거주하는 근로자 20 명이 참여하였으며, 이 가운데 오래전에 교회에 가본적이 있는 사람이 2 명 있었고 쉘터로 오기 전부터 정기적으로 교회에 출석하며 신앙생활을 하는 사람은 없었다.

창세기 12:1-4 본문과 질문들은 A 자매와 가졌던 모임과 동일하다. 본문을 2 회 읽은 후 아브라함이 누구인지 성경 구절 몇 곳을 찾으며 설명하였다. 아브라함의 혈통을 따라 예수 그리스도가 이 땅에 오셨다. 아브라함은 여호와 하나님을 믿는 믿음이 어떤 것인지를 보여 주는 대표적인 인물이며, 믿음의 조상이라고 불린다. 아브라함에 대한 설명에 이어 여호와가 어떤 하나님인지 창세기 앞부분의 내용으로 설명한 후, "당신이 알고 있는 하나님은 어떤 하나님인가?"라는 질문을 하였으나 대답을 하는 사람은 없었다. 반면 고향과 아버지의 집을 떠나가는 아브라함 이야기에 큰 관심을 보였고, 여호와께서 아브라함에게 복을 주겠다는 약속에 관한 말씀을 귀기울여 들었다.

아브라함의 이주와 비교하여 자신들이 한국으로 온 이유는 돈을 벌기 위함이며 가족들을 위함이라고 하였다. 본인들이 생각하는 기준에서 한국에 온 것은 복을 받기 위함이기에 자연스레 아브라함에게 주시는 축복의 말씀에 관심을 두는 듯하였다. 이를 연결점으로 하여 하나님께서 모든 민족에게 복을 주시기 원하시며 그 방법과 통로는 아브라함이라고 하신 말씀을 풀어 설명하였다.

참여자들이 자신들의 생각과 이야기를 나누면서 참여하는 성경공부가 되기를 원했으나, 나눔이 많지는 않았다. 주로 설명하고 가르치는 시간이 많았다. 참여자 대부분이 관심을 가지고 주의하여 들은 것이 의미 있다고 여겨진다.

2차 모임

첫 모임 일주일 후에 같은 장소에서 저녁 9시부터 1시간 동안 모임을 가졌다. 참여자 20명 가운데 대부분이 1차 모임에 참석한 이들이며, 처음 참석한 사람이 3명 정도 있었다. 지난 모임의 내용을 리뷰하면서 많은 참여자들이 내용을 잘 기억하고 있음이 확인되었다.

창세기 12:5-15:21 본문을 통하여 낯선 곳에서 목숨에 대한 두려움으로 애굽의 바로 왕 앞에서 아내 사래를 누이라고 말하는 아브라함 이야기를 할 때, 같은 상황이라면 자신은 아내를 누이라고 말하지 않고 아내라고 말할 것이라고 답하는 참여자가 있었다. 누이라고 하여 아내를 빼앗기는 것과 아내라고 하여 죽임을 당하는 것 두 가지가 서로 다를 바가 없기 때문이라 하였다. 이주민으로서 자신의 요구를 주장하기 어려운 현실이 반영된 대답이 아닐까 하는 생각이 들었다. 이주민으로서 일자리를 찾고 있는 참여자들의 상황에 비추어, 아브라함이 전혀 대응할 수 없는 이방 땅에서 여호와께서 바로에게 재앙을 내리시고 아브라함과 사래를 구원하셨다는 이야기를 쉽게 전달할 수 있었다.

창세기 13장에서 아브라함이 롯에게 땅을 먼저 선택하라고 할 수 있었던 것에 대하여, 아브라함이 싸움을 원치 않았기 때문이라는 답변과 롯이 가족이기 때문에 양보할 수 있었다는 답변이 있었다. 아브라함이 싸움을 원치 않았기 때문이라는 대답은 아브라함이 하나님의 뜻을 먼저 구했기 때문이라는 크리스천인 A 자매의 대답과 차이를 보인다. 한편 특징적인 것은 '가족'이라는 단어가 두 그룹 모두에서 동일하게 등장한다는 것이다.

하나님은 누구신가? 믿음이 있는가? 등과 같은 질문으로 대화를 이어가기는 어려웠지만, 아브라함의 이야기와 그 삶에서 함께하며 도우시는 하나님을 이야기하기는 어렵지 않았고 참여자들 또한 관심을 가지고 참여했다. 아브라함 이야기와 참여자들의 삶에 이주민이라는 공통점과 연결점이 있어 나눔과 전달이 쉽게 이루어질 수 있었다.

3차 모임

8월 10일 목요일, 전과 같은 교회 장소에서 저녁 8시 40분부터 1시간 20분 동안 모임을 가졌다. 1차, 2차 모임에 참여했던 17명 정도가 참여하였다.

12장에서 여호와께서 아브라함에게 복을 주겠다는 약속을 하신 이래로 여호와께서 동일한 축복의 말씀을 아브라함에게 하시는 말씀들을 13-17장에서 함께 찾아 읽었다. 10년이 지나도록 아브라함이 아이를 갖지 못하는 것에 대하여 한 참여자는 하나님께서 아브라함을 시험하고 계신 것 같다고 하였다. 17장을 읽으며, 하나님께서 아브라함에게 이스마엘이 아니라 이삭을 통해서 하나님의 언약을 이을 것이라는 말씀을 나누었다. 우리의 힘으로 할 수 없을 때, 하나님께서 당신의 능력을 나타내신다는 결론적 나눔에 일자리를 구하지 못하여 낙심하고 있는 근로자들이 귀 기울여 들었다.

4차 모임

8월 17일 저녁 8시 30분부터 동일한 장소에서 1시간 30분 동안 모임을 가졌다. 참여자는 23명이었으며 쉘터에 새로 들어와서 처음 성경공부에 참여하는 이들이 6명 정도 있었다. 지난 모임 리뷰에서 자신의 힘으로 낳은 이스마엘과 약속의 선물로 낳은 이삭 둘 가운데 이삭의 복이 하나님이 주시는 더 큰 복임을 함께 나누었다.

소돔과 고모라에 대하여 6번이나 반복하여 중보기도를 하는 아브라함과 그 기도를 들으시는 하나님에 대하여, 아브라함이 참 마음이 좋은 사람이라는 것과 하나님이 아브라함을 사랑하시기 때문이라고 대답들이 나왔다.

소돔을 멸하시는 가운데 아브라함의 기도를 들으시고 롯을 구원하시는 하나님의 모습과 사라를 데려가는 아비멜렉을 멸하려 하시는 모습 속에서, 아브라함을 축복하는 자에게 복을 주시고 아브라함을 저주하는 자를 저주하리라는 말씀을 이루시는 하나님을 볼 수 있음을 나누었다.

질문하고 답하는 과정이 없지는 않았으나 강의 전달식이 많았던 것과 더 유창한 현지 언어로 전달하고 소통하지 못한 것에 대한 아쉬움을 느꼈다.

5차 모임

8월 31일 저녁 8시 40분부터 동일한 장소에서 1시간 동안 모임을 가졌다. 참여자는 18명이었으며 쉘터에 새로 들어와서 처음 성경공부에 참여하는 이들이 4명 있었다. 새롭게 참여하는 이들을 위하여 여호와께서 아브라함에게 처음으로 복을 약속하시는 창세기 12:1-3 말씀과 사라에게 이삭을 주겠다고 말씀하시는 18장의 일부를 먼저 읽고 간략하게 내용을 설명하였다.

21장 사라가 이삭을 낳는 본문에서 100세가 된 아브라함과 90세가 된 사라가 어떻게 아들을 낳을 수 있었는가에 대하여 하나님께서 복을 주셨기 때문이며, 하나님께서 낳게 해 주셨기 때문이라고 본문을 바르게 이해하였다. 원래 아이를 낳을 수 없는 아브라함과 사라에게 아이를 낳게 하신 하나님 이야기를 통하여, 하나님께서 아이를 낳을 수 있는 환경이 되지 않는 동정녀 마리아를 통하여 예수님을 이 땅에 태어나게 하셨음을 설명하였다. 이삭의 출생 이야기를 통하여 예수님의 탄생 이야기를 할 때 신기한 듯 집중하여 듣는 이들이 많았다.

아브라함의 두 아들 이삭과 이스마엘에 대한 하나님의 뜻과 계획에 대하여 성경 본문이 말하는 대로 객관적으로 이해하는 참여자가 있었다. 하나님께서는 이삭과 이스마엘 두 아들이 모두 큰 민족을 이루도록 축복하시며, 특별히 이삭에 대해서는 축복이 후손에게로 이어지고 예수 그리스도를 보내시는 복을 더해 주셨다고 답하였다. 이스마엘에 대하여 부정적인 시각을 가지지 않고 객관적이고 중립적인 입장에서 보고 있다는 생각이 들었다.

자신이 가장 소중하게 여기고 사랑하는 아들 이삭을 번제로 드리라는 말씀에 순종하는 아브라함을 위하여 친히 어린 양을 준비하시는 하나님을 나누었다. 이어서 "우리가 가장 사랑하는 것을 버리라고 하나님이 말씀하신다면 어떻게 할 것인가?"라는 질문을 던졌을 때, 많은 참여자들이 당황스러워했다. 하나님의 말씀대로 버릴 수 있다고 대답하는 참여자는 아무도 없었다. 크고 놀라운 믿음의 이야기를 듣고 이해한다고 하더라도, 자기 스스로 하나님과 직접적이고 개인적인 신뢰 관계를 쌓지 않고서 하나님의 말씀에 믿음으로 반응할 수는 없음을 확인하였다. 아브라함이 이삭을 번제로 드리는 일에 순종할 수 있었던 것은 그가 처음 가나안 땅을 떠나온 때부터 현재까지 40년 가까이 수많은 사건과 일들을 통하여, 하나님을 만나고 은혜를 경험한 결과로 보아야 할 것이다.

결국 하나님을 믿고 신뢰하는 사람이 하나님이 주시는 복을 받을 수 있음을 나누고 이를 위하여 함께 기도하며 모임을 마쳤다.

4. 참여자들의 평가와 피드백

6차 모임은 5회에 걸쳐 진행해 온 아브라함 이야기 선교적 읽기의 내용과 과정을 함께 돌아보고, 하나님의 선교에 대한 이해, 본인의 삶과 연결하여 얻은 깨달음과 도전, 모임을 참여함에 있어서 어려웠던 점 등을 나누고 정리하는 모임으로 가졌다.

A 자매의 평가와 피드백

A 자매는 10년이 넘는 시간 동안 캄보디아교회에서 성실히 신앙생활을 해 왔지만, 소그룹 및 일대일 성경공부를 해 본 적이 없다고 하였다. 그동안은 설교 듣기와 성경 읽기(통독)를 통한 말씀 이해가 전부였다. A 자매는 선교적 성경 읽기가 자신에게 특별한 경험이었으며, 성경 말씀을 배울 수 있는 기회가 주어진 것 자체가 매우 감사한 일이고, 말씀을 정확히 이해할 수 있어서 좋았다고 하였다.

이번 선교적 성경 읽기를 통하여 A 자매는 이주민으로서 자신의 삶이 하나님의 선교의 시작점인 아브라함의 삶과 유사점이 많음을 알게 되었다고 하였다. A 자매는 아브라함 이야기를 그리스도인이 살아야 할 삶의 모습으로 읽으며, 부분적으로는 자신의 이야기와 연결하여 읽기도 하였다. 이주민 아브라함이 낯선 땅에서 겪는 어려움을 하나님이 나서서 대신 해결해 주시는 이야기는 그 자체로 A 자매 자신의 이야기임을 발견하였다. 아브라함이 어려움을 통하여 하나님을 알아가고 하나님과 더 깊은 관계로 나아가는 것 역시 A 자매 자신의 이야기로 고백하였다.

설교 듣기와 성경통독만으로 성경을 배우고 이해했던 A 자매에게 '선교적 성경 읽기'는 낯설었다. 하지만 본 선교적 성경 읽기 모임을 통하여 A 자매는 하나님의 선교에 대해 어느 정도 이해하게 되었다. 그것은 다음과 같다. 하나님은 아브라함을 선택하셨고, 그에게 복 주시리라는 약속을 주셨고 결국 그 약속을 이루신다. 하나님의 복은 아브라함 한 사람을 통하여 모든 민족에게로 흘러갈 것인데, 예수 그리스도를 통하여 하나님은 이 약속을 이루신다.

A 자매는 아브라함 이야기 선교적 읽기가 예수님을 믿지 않는 사람들에게 복음을 들려줄 수 있는 좋은 도구가 될 수 있을 것이라는 의견을 주었다. 믿지 않는 사람들에게 너무 수준이 높은 어려운 성경공부가 되지 않을까 하는 필자의 생각과는 전혀 다른 생각이었다. 선교적 성경 읽기를 선교를 잘 이해하고 선교에 헌신한 이들과 함께 할 때 주어지는 유익은 무엇이고, 구도자 또는 선교 대상자들과 할 때 주어지는 유익은 또 무엇인지 그 차이에 대한 연구가 필요해 보인다.

여섯 번의 모임에서 A 자매에게 가장 어려웠던 점은 모임 때마다 쉬고 싶은 마음의 유혹이었다. 그것은 모임 자체에 대한 부정적인 마음이 아니라 육체의 피곤함을 이겨야 하는 어려움이었다.

B 그룹의 평가와 피드백

6 차 모임의 참여자는 24 명이었으며 그 가운데 5-6 명 정도가 전체 6 회의 성경공부에 모두 참여하였고, 6 차 모임에 처음 참여하는 이들이 10 명이었다.

지난 5 회에 걸쳐 나눈 아브라함 이야기를 돌아보는 가운데, 참여자들은 이주민으로서 아브라함이 겪은 어려움에 대하여 공감하는 모습을 강하게 보였다. 공장에서 손을 심하게 다쳤던 이야기, 월급을 받지 못했던 이야기

등 자신들이 겪은 어려움들을 나누어 주었다. 아브라함은 어려움 속에서 하나님의 도우심과 은혜를 경험하며 이를 통하여 하나님을 알고 하나님과 더욱 깊은 관계로 나아갔음을 되새겨 볼 수 있었다.

본 선교적 성경 읽기에 대한 B 그룹 참여자들의 피드백은 다음과 같은 것들이었다. 성경 이야기를 자신들의 언어로 들을 수 있어서 좋았다. 성경의 등장인물에 대한 지식을 얻을 수 있어서 좋았다. 하나님과 예수님에 대한 이해를 넓힐 수 있어서 좋았다. 참여를 통하여 마음에 기쁨과 감사를 느낄 수 있었다. 이 같은 피드백은 본 그룹이 비그리스도인들로 구성된 그룹임을 감안할 때 다소 긍정적인 피드백이라고 할 수 있을 것이다. 한편, 본 선교적 성경 읽기를 통하여 자신의 삶에 주어진 성경적이고 구체적인 도전과 변화에 대해서는 대답하는 참여자가 없었다. 비그리스도인과 함께하는 성경 읽기에서 인도자는 지나친 기대감을 갖지 않도록 주의하며, 참여자들과 관계를 형성하고 그들이 성경 이야기에 마음의 문을 열 수 있도록 돕는 역할을 해야 할 것이다.

관찰자의 느낀 점과 고찰

1. 유익했던 점

고향과 아버지의 집을 떠나 가나안에서 이주자로 살아가는 아브라함의 이야기가 이주민들에게 자신들의 이야기로 읽혀진다는 것이 이주민들과 아브라함 이야기 선교적 성경 읽기의 큰 유익한 점이라 할 수 있겠다. 이주민의 신분으로 살아가는 독자들이 자신들의 이야기를 나누기가 쉽고 본문 속에 나타나는 하나님이 어떠한 분인지 그리고 그 하나님이 자신과 어떻게 관계될 수 있는지 적용점을 찾기가 훨씬 용이하였다.

선교적 성경 읽기에서 거대 서사를 다루는 것은 성경 지식이 약한 초신자 및 불신자들과의 성경공부에 도움이 됨을 확인하였다. 믿지 않는 사람과 전도를 위한 목적으로 아브라함 이야기 선교적 읽기 모임을 가지면 좋을 것이라는 A 자매의 피드백은 이것을 뒷받침해 준다. 성경 지식이 없고 믿음이 없지만 열린 마음으로 성경을 보는 B 그룹의 사람들과 아브라함 이야기를 나누면서 창조주 하나님과 구세주 예수님으로 이야기를 오가며 복음을 설명하기가 비교적 자연스러웠고, 참여자들 역시 흥미를 가지고 참여하였다.

2. 새롭게 알게 된 것

이주민들에게 가족은 일반 사람들보다 훨씬 큰 의미가 있다. 가족은 그들이 이주민으로서의 외로움과 중한 노동을 견디게 하는 힘이면서 동시에 견디기 힘든 그리움의 눈물을 흘리는 이유이다. 이들의 마음에 언제나 자리잡고 있는 '가족'은 성경 읽기에서도 이해와 적용을 위한 주요 인자로 작용한다. 그리스도인과 비그리스도인이 차이가 없다. 이들이 한국에서 대안적 가족을 만날 수 있다면 큰 힘이 될 것이다. 교회와 성도들이 이주민들의 가족이 되어주는 노력이 필요하다. 가족 이야기가 나올 때마다 눈시울이 붉어지는 모습을 본다.

이주민들은 본인들이 처한 어려움에 대한 도움을 구하기 위하여 많은 부분에서 수용적인 입장을 취한다. 복음을 받아들이는 데 있어서도 마찬가지이다. 고민과 갈등 없이 쉽게 복음을 받아들이고 교회로 들어오는 모습을 본다. 그들이 처한 상황은 복음을 위하여 열린 태도를 갖게 하지만, 그렇다고 저절로 믿음과 신앙이 자라고 열매를 맺는 것은 아니다. 믿음의 성숙을 위하여 충분한 말씀의 공급이 필요하다. 교회에서 제공하는 무료 쉘터에 거주하는 외국인 근로자들이 매일 저녁 성경 읽기 모임에 아무런

불만 없이 참여하는 것은 시사하는 바가 크다. 이들이 몇 개의 전도 구절과 유명한 성구들을 외우는 것도 의미가 있으나, 신구약을 연결하여 총체적으로 읽는 선교적 성경 읽기를 하는 것은 그들이 쉘터를 떠난 후에도 신앙생활을 이어갈 수 있는 뿌리 있는 믿음으로 성장하도록 도움을 줄 수 있을 것이다.

3. 어려웠던 점

이주 근로자들의 삶에서 개인 생활을 위한 시간을 따로 내는 것은 어려운 일이다. 일터에서 그들이 맡고 있는 업무 강도가 결코 만만치 않기 때문이다. 기본적으로 이주민들이 하고 있는 일들은 소위 3D 업종으로 내국인이 기피하는 일들이다. 주야간 교대 근무를 하기도 하고, 육체적 노동 강도가 높은 일들이며, 자신의 의도와 무관하게 매일같이 추가 근무를 해야 하는 경우가 많다. A 자매의 처지가 그러하다. 이들에게 성경공부를 위하여 시간을 내라고 말하기가 미안했다. 서로가 원거리에 위치한 회사의 기숙사에 거주하면서 자가 교통수단이 없는 이들이 소그룹으로 한곳에 모이기도 어렵다.

근무지 변경으로 인한 잦은 지역 이동도 이주민들과 지속적인 모임을 가지기 어려운 이유 중 하나이다. 한국인 근로자들과 달리 이주민 근로자의 경우 고용주가 쉽게 일을 그만두게 할 수 있다. 이주민들은 사업주에 의해서 반강제로 일터를 옮겨야 하기도 하고, 때로는 업무의 강도를 견디지 못하고 스스로 일터를 옮기기도 한다. 이 같은 잦은 이동은 이주민 사역에서 양육이 어려운 주요 이유 중 하나이다.

4. 인도자로서 유념할 부분과 보완점

선교적 성경 읽기의 인도자는 다루어지는 본문 자체에 대한 이해뿐만 아니라 하나님의 선교라는 큰 그림에서 해당 본문이 어떤 위치에 있는지 그림을 그릴 수 있어야 할 것이다. 성경의 거대 서사와 해당 본문은 어떻게 연결되고 있는지도 파악하고 있으면서 필요에 따라 참여자에게 설명해 줄 수 있어야 할 것이다.

선교적 성경 읽기에 있어 독자가 가지고 있는 문화와 그들이 처한 상황에 따라서 성경이 다르게 읽힐 수 있음을 염두에 두고 귀 기울이는 것이 필요하다. 사전에 충분히 본문을 연구하고 질문을 만들고 예상 답변을 만들었다고 하더라도, 실행에서 참여자의 답변과 반응을 열린 마음으로 듣는 것이 독자를 위한 선교적 성경 읽기에 도움이 될 것으로 보인다. 이를 위하여 참여자가 어떤 상황에 있는지 미리 파악하는 것이 큰 도움이 될 것이다.

성경공부만을 위한 모임으로 만나는 것은 깊은 나눔과 성장에 한계가 있다. 어쩌면 모임 자체를 지속하기도 어려울 수 있다. 이주민들의 필요와 어려움을 돌아보고 삶을 함께하는 것이 동반될 때, 더 깊은 나눔과 믿음의 성장으로 나갈 수 있을 것이다.

나오는 말

국내 이주민 선교는 비정주 이주민을 대상으로 많이 이루어지고 있다. 자국으로 돌아갈 이주민들을 대상으로 이루어지는 사역은 자연스레 이들이 본국으로 돌아간 이후를 생각하게 된다. 본국으로 돌아간 이주민들이 자국에서 믿음을 지키며 신앙생활을 이어가도록 여러 가지 노력을 기울인다. 더 나아가 이들이 본국에서 가족과 이웃들에게 한국에서 만난 예수 그리스도의 복음을 전할 수 있기를 희망하고 있다. '역파송'이라는 이름으로 캄보디아, 태국 등으로 이주민을 선교사로 파송하는 이주민 교회들이 늘어나고 있다.

자국민 선교와 자국민 역파송 선교사의 비전을 품고 있는 이주민들이 성경을 선교적으로 읽는 것을 통하여 하나님의 선교와 선교의 하나님을 바로 아는 것은 선교적 공동체로 나아감에 큰 유익이 있을 것이다. 가족 구성원 가운데 특별한 과정을 거쳐 한국에 이주민으로 와서 경제적인 도움을 포함하여 본국 가족들에게 큰 힘이 되어주는 이주민의 삶은 한 사람을 선택하여 모든 사람을 구원하기 원하시는 하나님의 선교의 특수성과 보편성을 동시에 포함하고 있다. 선교적 성경 읽기를 통하여 믿음 안에 있는 이주민들이 성경의 거대 서사 안에서 하나님의 선교를 이해하고 선교적 삶이 있는 선교적 공동체로 세워져 가기를 바라며, 선교적 성경 읽기를 통하여 새로이 교회를 찾아오는 이주민들이 하나님의 선교와 예수 그리스도의 구원 이야기에 관심을 갖고 말씀을 배울 수 있기를 또한 기대한다.

6

캄보디아 성도들과 선교적으로 읽은 베드로전서

캄보디아 성도들과 선교적으로 읽은 베드로전서
꺼꽁주(州) 거룩한 빛 교회 성도들을 중심으로

김영진

들어가는 말

필자가 사역하는 캄보디아 꺼꽁(Koh Kong)주는 캄보디아 수도 프놈펜 (Phnom Penh)에서 남서쪽으로 약 291km 떨어져 있는 태국 접경 지역으로서 태국과의 소규모 무역이 활발하다. 앞쪽으로는 바다를 접하고 있어 수산업이 발달한 곳이고, 뒤쪽으로는 밀림으로 이루어져 있어 축산업을 비롯한 과일 재배 등이 활발하게 이루어지고 있다. 국교인 불교뿐만 아니라 각종 정령신앙이 현지인의 삶에 깊은 영향을 주고 있고, 또한 많은 무슬림이 살고 있다. 꺼꽁주에는 선교사들과 현지 목회자들이 개척해서 사역하는 교회가 48 여 개(처소교회 포함, 성도 2,000 여 명) 정도 된다.

필자는 본 소고를 통해 필자가 섬기는 교회 성도들이 선교적 성경 읽기 모임에 참여하여 성경을 '하나님의 선교'라는 관점에서 읽고, 자신의 삶의 자리에서 선교적 삶을 살아갈 뿐만 아니라 교회 공동체를 선교적 교회로 세워가는 작지만 소중한 변화의 과정을 진술하고자 한다. 또한 이러한 연구를 기반으로 필자는 선교적 성경 읽기에 대한 선교학적 성찰과 새로운 실천적 과제를 제시하고자 한다.

선교적 성경 읽기란 무엇인가?

지난 2월에서 4월까지 9주간 네 명의 자매(교회 사역자 2명, 직장인 주일학교 교사 2명)와 함께 교회에서 1시간에서 1시간 30분 정도 베드로전서를 중심으로 선교적 성경 읽기를 진행하였다. 네 명의 자매는 10년 이상 예수님을 믿고 있는 자매들이다. 참가자들의 성경통독 횟수는 1회 이상으로부터 10회 이상까지 다양했다. 첫 모임에서 필자는 참가자들에게 성경에 나타난 하나님의 선교와 하나님 백성의 선교 이야기를 요약하여 설명하였다. 또한, 하나님의 대하드라마에서 우리의 위치에 대해서도 나누었다.

특별히 베드로전서를 본문으로 선택한 이유가 있다. 그것은 신약성경을 처음 읽는 하나님 백성의 공동체 대부분이 처한 선교적 상황, 곧 주변인, 소수자로 살아가는 모습이 캄보디아 교회가 처한 상황과 유사하기 때문이다. 캄보디아는 불교 국가이며, 복음화율이 현재 1% 전후일 정도로 기독교인은 극소수에 불과하다. 마치 이스라엘이 오랜 역사 동안 포로상태로 살면서 경험했던 것처럼 제한된 자유와 따가운 시선 속에서 살 수밖에 없다. 심지어 하나님이 현지인이 따르는 신들보다 작아 보이기도 한다. 실제로 교회가 생각하는 복음화율에 비해 국가에서 시행하는 인구센서스의 기독교인 비율은 크게 뒤떨어진다. 그 이유 중 하나로 캄보디아인은 불교인이라는 정체성을 떠나 외국의 종교라고 비난받는 기독교를 받아들인 자신의 모습을 이웃들에게 드러내는 것을 부끄러워하거나 두려워하기 때문은 아닐까 추측해 본다. 이처럼 불교국가인 캄보디아에서 주변인, 소수자로 살아가고 있는 성도들에게 베드로전서 선교적 읽기는 초대교회 성도들이 가진 복음을 위한 선교적 고난과 아픔에 대한 동질감뿐만 아니라 캄보디아 성도들이 삶의 정황 속에서 맞닥뜨리고 있는 선교적 도전과 선교적 소명에 대해 초대교회 성도들과 함께 고민하며 답할 수 있는 기회를 제공해 준다.

선교적 성경 읽기에 개인적으로 관심이 있었고 나름대로 이를 적용하여 설교하고 가르치기도 했지만, 선교적 성경 읽기를 한마디로 정의하기는 쉽지 않았다. 그렇기에 필자는 함께 공부하는 참가자들과 다음과 같은 질문을 지속적으로 떠올리면서 공부를 진행하였다. 선교적 성경 읽기 방식은 기존 성경 읽기 방식과 어떤 차별성을 가지고 있는가? 특히 참가자들이 매일 하고 있는 성경묵상을 위한 읽기와 선교적 성경 읽기 방식은 어떻게 다른가? 전자는 개인의 하나님과의 관계, 영적 성숙, 삶을 위한 하나님의 인도 등에 초점이 맞추는 경향이 있다면, 후자는 분명한 선교적 방향성을 가지고 있지 않은가? 전자는 외톨이처럼 떨어져 있는 하나의 짧은 성경 본문에 관심을 두는 경향성이 있다면, 후자는 하나님의 선교 이야기라는 전체 속의 한 부분에 초점을 두고 있지 않은가?

이런 고민 가운데 필자가 여러 책과 소논문을 읽으며 간추려 정리한 선교적 성경 읽기의 정의는 다음과 같다.

> 선교적 성경 읽기는 기존의 지리적 확장에 근거한 일부 고립된 해외선교 관련 구절들이 아닌 성경 전체가 갖는 선교의 핵심성을 인식하게 하는 성경 읽기 방식이다. 즉 선교를 그 중심 관심사이자 목표로 삼아 성경 전체를 읽는 방식이다. 또한 선교적 성경 읽기는 성경 전체를 하나님의 선교 관점, 즉 세상을 회복하시기 위해 친히 일하시는 삼위 하나님의 성품과 사역, 그리고 그 하나님의 선교에 동참하도록 부름 받고 보냄 받은 교회의 정체성과 사명, 삶의 방식으로 읽어냄으로써 오늘 한 사회와 문화 속에 보냄 받은 증인 공동체만의 선교적 실천이 무엇인지를 질문하고, 고취하는 성경 읽기 방식이다.

삼위일체 하나님은 보내시는 하나님이시다. 성부 하나님은 성자 예수 그리스도를 세상에 보내셔서 선교사역을 펼치셨다. 또한 예수의 승천 이후 성부와 성자 하나님은 성령을 보내셨다(행 2:33). 그리고 선교의 하나님은 자신의 백성을 세상으로 보내신다(요 20:21). 즉 하나님께서는 오늘날 하나님의 선교를 위해 하나님의 백성, 곧 교회를 부르시고 보내신다. 교회는 하나님의 부르심과 보내심의 역사로 그 정체성이 형성되었기 때문에 교회의 본질은 선교적이다. 하나님은 그분의 선교를 위해 세상에 교회를 두셨다. 이와 같이 성경 이야기의 지배적 줄거리는 이스라엘과 예수 그리스도 그리고 교회를 통해 구속 역사를 신실하게 이끌어가시는 하나님의 선교이다. 따라서 성경의 내용과 의도를 고려한 성경에 대한 신실한 독서는 선교를 성경 해석을 위한 열쇠로 간주하는 선교적 성경 읽기를 중요하게 다룰 수밖에 없다(눅 24:45-48; 행 26:22-23).

선교적 성경 읽기는 왜 필요한가?

교회의 본질은 선교적이다. 곧 선교는 교회 활동의 일부가 아니며, 교회의 모든 활동이 교회 선교의 일부이다. 그렇게 되어야 하고, 그렇게 되도록 교회는 힘써야 한다. 따라서 우리는 교회의 예배와 교제, 훈련, 사역, 증거, 조직 형태, 리더십 등을 교회의 선교적 소명을 중심으로 변화시켜야 한다.

이를 위한 기초 놓기가 선교적 성경 읽기라 할 수 있다. 선교적 성경 읽기는 성경 각 권을 각기 독특한 선교적 상황에 처한 하나님의 선교적 백성을 향해 주어진 선교적 책으로 바라본다. 따라서 성경 각 권을 선교적 시각으로 읽도록 도움으로써 성도를 선교적 백성으로 구비시켜 증인 공동체를 세울 수 있다.

하지만 안타깝게도 현재 필자가 섬기고 있는 캄보디아 꺼꽁주의 교회들의 실정을 살펴보면, 필자의 교회를 포함하여 성경 각 권을 선교적 관점으로 집중적으로 설교하거나 가르치고 있는 교회가 거의 전무하다. 교리 중심의 성경공부가 주를 이루고 있고, 교리 공부에는 선교가 빠져있거나 교회 활동의 일부분으로 간단하게 언급될 뿐이다. 그렇기에 선교적 성경 읽기는 선교의 핵심성을 잃어버린 성도 개인뿐만 아니라 교회 공동체의 선교에 대한 이해와 실천에 깊은 영향을 미칠 수 있다. 이것이 본 논고의 연구주제이기도 하다.

선교적 성경 읽기는 어떻게 할 것인가?

앞서 언급했듯이, 필자는 첫 모임을 비롯해서 모임 시간마다 참가자들에게 성경에 나타난 하나님의 선교와 하나님 백성의 선교 이야기를 요약하여 설명하였다. 또한 하나님의 대하드라마에서 우리의 위치에 대해서도 나누었다. 왜냐하면 선교적 성경 읽기를 처음 접하는 참가자들이었기에, 이에 대한 설명을 통해 구체적 본문을 다루기 전 방향성을 잡아줄 필요가 있었다. 특히 참가자들과 함께 공부할 베드로전서는 하나님의 거대 서사 속 한 부분을 차지하는 구약 이스라엘 백성의 정체성과 사명(출 19:4-6)을 계승하여 하나님의 선교에 참여하고 있는 새 이스라엘인 신약 제자공동체(벧전 2:9)에 주신 메시지이다.

필자는 베드로전서 본문을 참가자들과 선교적으로 읽기 위해 질문과 나눔을 통해서 선교의 핵심성을 이끌어 내려고 노력하였다. 질문은 두 가지로 나눌 수 있다. 하나는 본문을 관찰하고 해석하는 질문이고, 또 다른 하나는 참가자들의 삶에 적용하는 질문이다. 달리 말해, 질문은 본문과 참가자들의 삶을 연결하는 다리라고 할 수 있다.

본문과 관련하여 기본적인 해석학적 질문은 다음과 같다. "어떻게 이런 특정 본문이 그 당시 증인 공동체를 계속해서 만들었을까? 그리고 어떻게 오늘날에도 그런 일을 계속할 수 있을까?" 그리고 구체적인 소그룹 나눔을 위한 질문을 만들 때, 다음과 같은 기본적인 방향을 추구하였다.

a. 본문과 관련하여 불교문화인 캄보디아에서 소수자인 기독교인으로서 부딪히는 문제는 무엇인가? 우리의 선교적 정체성을 뒤흔드는 문화와 종교적 이야기는 무엇인가?

b. 본문을 통해 우리의 선교적 소명을 재형성하기 위해 들려주는 하나님의 이야기는 무엇인가?

c. 오늘 말씀을 통해 보냄 받은 자리에서 우리 각 개인과 증인 공동체로서의 교회가 살아 내야 할 구체적인 생활방식은 무엇인가? 캄보디아의 문화와 종교, 세속적 가치관 속에서 성경적인 거룩한 삶, 대안적 삶을 살아갈 때 불신자들은 어떻게 느낄까?

d. 우리가 믿는 복음에 대해 물어오는 경우가 있는가? 또한 전할 메시지가 있는가? 그리고 복음을 전하고자 하는 대상이 있는가?

예를 들어, 필자는 다음과 같은 질문을 통해 선교를 성경 해석을 위한 열쇠로 사용하였다. 본문 2장 13절, 2장 18절, 3장 1절에서 공통적으로 "순종하라"는 말씀이 나온다. 국가의 왕, 직장 상사, 가정의 남편 등이 우리에게 까다롭거나 부당하게 대함으로써 어려움을 겪은 적이 있었는가? 본문 2장 15절, 2장 19-20절, 3장 1절에 따르면, 부당한 상황 가운데 우리가 그들에게 순종해야 하는 이유는 무엇인가? 하나님은 우리의 선한 행실로 말미암아 그들이 복음에 마음을 열고 구원받게 하려고 순종하라고 말씀하신다.

이처럼 인도자는 성경 이야기의 뼈대와 각 본문이 이해하는 선교, 참가자들의 맥락을 균형 있게 조화시킬 필요가 있다. 달리 말해 보편성과 특수성이 함께 가야 한다. 이 둘을 연결시키는 것이 좋은 질문이다. 인도자가 참가자들의 선교에 대한 인식과 실천의 변화를 주시하면서, 수준 있고 깊이 있는 질문을 준비하는 것이 선교적 성경 읽기에서 중요하다. 그리고 질문을 통해 참가자들 각자의 상황에서 나오는 풍성한 나눔은 참가자들 사이에 깊은 공감과 서로 배우고, 교정하고, 격려하고, 비전을 제시하는 등 시너지 효과를 낼 수 있다.

선교적 성경 읽기는 어떤 유익을 가져다주는가?

9주간 진행한 베드로전서 선교적 성경 읽기를 돌아보면, 여러 가지 한계와 아쉬운 점이 남는다. 먼저 단기간 모임을 통해 성도들의 굳어있던 의식과 행동 속에 조금이나마 균열이 일어난 것도 소중하지만, 장기적인 과정을 통해 성도들 속에 지속적인 선교적 회심이 일어나도록 돕는 것이 중요하다고 생각한다. 또한 인도자의 좋은 질문 만들기와 마음을 여는 소그룹 인도를 통해 성도들이 성경 본문과 자신의 삶의 정황을 연결하여 좀 더 구체적인 나눔, 풍성한 나눔이 일어나지 못한 아쉬움이 남는다. 마지막으로 참가 대상자들을 다양화하여 선교적 성경 읽기를 진행하는 것도 좋을 것이다. 기존 참가자들은 신앙의 연수가 오래되었지만 젊은 편이었다. 그래서 삶에서 부딪히는 선교적 도전이 필자의 예상보다 크지는 않았고, 그 결과 성경 본문은 쉽게 이해하지만, 삶 나눔은 구체적이지 않은 경향이 있었다. 오히려 복음 때문에 이웃들로부터 실제적인 비난과 고난을 경험하고 있는 새 신자들이나 장년층을 대상으로 선교적 성경 읽기를 진행해보는 것이 좀 더 유의미한 결과를 도출할 수 있지 않을까 제안해 본다.

이런 한계와 아쉬움을 간직한 채 마지막 모임에서 필자는 참가자들에게 다음과 같이 질문하였다. "선교적 성경 읽기 전후 선교에 대한 이해와 실천에 변화가 있었는가?" 그리고 그러한 변화를 측정하기 위한 지표를 사용하여 선교적 성경 읽기에 참가한 참가자들이 선교에 대해 이전보다 더 바르게 이해하고, 온전히 실천하게 되었는지를 점검하는 시간을 가졌다. 이러한 지표는 마이클 고힌(Michael Goheen)의 『열방에 빛을』과 딘 플레밍(Dean Flemming)의 『신약을 선교적으로 어떻게 읽을 것인가』 등의 책들을 기초로 첫 선교적 성경 읽기 모임을 시작하기 전 GMF 포럼 준비모임에서 이미 논의된 것을 필자가 약간 보충한 것이다. 이러한 지표를 염두에 두면서, 필자는 9주간 참가자들과 성경을 읽어 나갔고 최종 모임에서 다시 이 지표를 통해 참가자들의 선교에 대한 인식과 실천의 변화를 살펴볼 수 있었다. 그리고 참가자들은 다음과 같이 마지막 소감을 밝혔다.

> 설교를 통해 알고는 있었지만, 더 명확히 인식하게 되었다. 알고 있던 지식들이 마치 구슬을 꿰어 목걸이를 만들 듯이 하나로 꿰어지는 듯한 느낌을 받았다. 그리고 선교라는 렌즈를 통해 보는 성경 읽기 방법을 배우게 되었다. 무엇보다 우리 자신의 정체성과 사명을 명확히 알게 되었다. 캄보디아 사회에서 이방인 취급을 받지만 왕 같은 제사장으로 부름 받은 자답게 그리스도의 증인으로 살겠다.

참고로, 선교적 성경 읽기 전후 선교에 대한 이해와 실천의 변화를 측정하기 위한 지표는 다음과 같다.

① 정체성(하나님의 집을 향해 순례하는 나그네) - 벧전 1:1-2, 17; 2:11-12

② 사명(열방의 회복을 위한 제사장 나라) - 벧전 2:9-10

③ 선교적 생활방식(그리스도를 모델로 한 선교적 거룩함과 순종, 그리고 선교적 고난)

    a. 선교적 거룩함과 순종 - 벧전 1:13-17; 2:11-3:12; 4:1-6

b. 선교적 고난 - 벧전 1:6; 2:18-21; 3:13-17; 4:12-19; 5:1, 8-11

④ 구두적 증언(복음을 선포하고, 질문에 대답하는 선교) - 벧전 1:12, 22-25; 3:15

⑤ 선포해야 할 메시지(예수 그리스도의 고난, 구속적 죽음과 부활, 승천, 소망과 심판) - 벧전 1:18-21; 2:22-25; 3:18-22

⑥ 포용(전인의 문제를 다루는 총체적 선교) - 벧전 2:13-3:7

⑦ 경계 허물기(모든 종류의 사람들을 포함하는 보편적 선교) - 벧전 2:13-3:7

⑧ 성령의 인도와 권능(성령의 주도권) - 벧전 1:12; 4:7-11, 14

⑨ 공동체의 하나됨(증인 공동체로서의 연합) - 벧전 4:7-11; 5:1-7, 12-14

이와 같은 9주간의 베드로전서 선교적 성경 읽기 과정을 통해 필자와 참가자들이 누린 유익들, 곧 선교에 대한 이해와 실천의 작지만 구체적인 변화를 다섯 가지로 정리해보고자 한다.

첫째로, 선교적 성경 읽기는 하나님이 주도하시는 구속 역사 안에서 교회 공동체의 정체성과 사명, 현재 위치를 깨닫도록 도와준다.

하나님의 선교 이야기를 담은 성경은 거대 서사, 즉 그 자체로 하나의 큰 이야기이며, 그 속에 더 작은 이야기들이 가득하다. 필자는 성경 이야기를 7막으로 이루어진 연극이라 여기고, 외우기 쉽도록 이를 7C로 표현해서 사용하고 있다. Creation(창조와 샬롬) → Crime(죄와 타락, 샬롬의 상실) → Calling(아브라함과 이스라엘을 부르심) → Confusion(이스라엘의 우상숭배와 불순종) → Christ(참 이스라엘인 예수 그리스도의 구속) → Church(새 이스라엘인 교회의 선교와 성령) → Completion(새 창조, 샬롬의 회복과 완성). 기존 세계관 논의에서 주로 언급되는 창조, 타락, 구속, 완성의 구조는 성경 전체를 쉽고 간단명료하게 요약해 주는 장점이 있다. 하지만 성경 읽기 모임의 인도자가 부연하여 설명해 주지 않는다면, 구속주이신 예수님과 개인적인 구원에 초점을 둘 수 있는 단점이 있다. 이에 반해 앞서 언급한 7C 구조는 구속 역사에 있어서 하나님의 주도권뿐만 아니라 하나님 백성의 선교를 동시에 강조할 수 있다. 우리는 현재 이러한 성경 전체 메시지의 큰 줄기 속 6막에서 활동하고 있는 배우이다. 아버지 하나님은 위대한 이야기를 설계하고 펼치고 계시고, 그 이야기 속에서 그의 아들 예수 그리스도는 아버지의 계획을 성취하시는 중심인물이고, 교회인 우리는 성령 하나님을 통하여 이 위대한 이야기의 전개에 연기자로서 참여하기 위하여 부름 받고 능력을 덧입는 것이다.

참가자들과 함께 공부한 베드로전서는 하나님의 집을 향해 순례하는 나그네로서의 교회 공동체의 정체성(1:1-2, 17; 2:11-12)과 열방의 회복을 위한 제사장 나라로서의 교회 공동체의 사명(2:9-10)에 대해 말해 준다. 필자도 참가자들과 함께 공부하며 다음과 같은 질문들을 통해 선교적 백성으로서의 우리의 소명을 명확히 할 수 있었다.

그 질문과 대답의 예는 다음과 같다. 본문 2장 11-12절에 따르면, 우리 그리스도인은 세상 속에서 거류민과 나그네와 같다고 말씀한다(벧전 1:1-2, 17; 히 11:13-16). 주변 사람들로부터 신앙 때문에 외국인 취급을 받은 경우가 있는가? 이에 대해 성도들은 이웃에게 들은 비난을 나누었다.

> 캄보디아인의 정체성은 한 마디로 불교를 믿는 사람이다. 기독교는 외국에서 온 종교일 뿐이다. 또한 그리스도인은 부모님이 돌아가실 때 울지 않고, 심지어 웃기까지 한다. 그리고 돌아가신 부모님을 위해 제사를 지내지 않는다. 따라서 그리스도인은 부모를 공경하지 않는다.

이런 상황 가운데 처한 참가자들에게 다음과 같은 질문을 하였다. 본문 2장 5, 9절에 따르면, 하나님은 우리를 "거룩한 제사장", "왕 같은 제사장"이라고 말씀한다. 제사장은 어떤 사람인가? 전도한 경험이 있는가? 그 경험을 통해 배운 점에 대해 나누어 보라. 모두가 복음을 전한 경험을 나누었는데, 복음을 듣는 사람들의 반응은 다양하였다. 어떤 이웃은 복음에 대해 궁금해하고 질문을 하였고, 어떤 사람은 예수님에 대해 비꼬면서 말하기도 하였다. 그리고 직장동료 중 한 명은 여러 번 전도한 후에 교회에 나왔고, 현재 출석을 잘하고 있어서 감사했다.

둘째로, 선교적 성경 읽기는 개인 구원의 차원을 넘어서 공동체의 선교적 소명에 집중하도록 도와준다.

오늘날 우리가 물려받은 복음은 서구 개인주의의 영향을 많이 받고 있다. 캄보디아인도 타인과의 관계보다 개인의 업보가 중요하기에 개인주의 성향이 강한 편이다. 그 결과 나의 구원과 천국행 티켓, 그리고 구원받은 자로서 내가 받을 복과 물질에 초점을 두고 신앙 생활하는 경우가 다반사다. 달리 말해 하나님 나라를 증거하는 교회로서 가져야 할 급진적인 공동체적 소명과 급진적 타자성에 대한 의식이 부족하다. 이러한 상황에서 선교적 성경 읽기는 성도들로 하여금 선교적 회심을 경험토록 한다. 즉 하나님이 부르시고 보내신 백성을 통한 하나님의 선교 이야기를 공부하며 교회 공동체에 주신 하나님의 소명에 집중하게 한다.

베드로전서는 열방의 회복을 위한 제사장 나라로서의 교회 공동체의 사명(2:9-10)과 증인 공동체로서의 연합에 대해 강조하고 있다(4:7-11; 5:1-7, 12-14). 하나님께서 하나님의 선교를 위한 증인으로서 교회 공동체를 도구로 부르셨고, 그 공동체의 구성원으로서 나와 또 다른 지체를 함께 부르셨다는 각성이 필요하다. 이러한 회심은 새로운 방향으로 나가는 순례의 여정처럼 지속적으로 일어난다.

이와 관련하여 필자는 다음과 같이 참가자들에게 질문하였다.

> 본문 2 장 5 절에 따르면, 우리는 "신령한 집"을 세워가고 있다. 이 집은 "하나님의 집"(4:17)이라 불리며, 곧 하나님이 지금 은혜 가운데 임재하여 계시는 믿음의 공동체다. 세상 가운데 집은 우리에게 어떤 의

미를 주는가? 우리 교회는 이러한 집의 기능을 제대로 수행하고 있는
가?

참가자들은 "집은 우리에게 심리적 소속감과 안식을 준다. 하지만 우리
교회는 개인주의가 심해서 가정 같은 느낌이 잘 들지 않는다"라고 대답했
다.

또한 다음과 같이 참고 질문을 하였다. "그렇다면 그 해결책은 무엇인
가? 본문 5장 13-14절에 따르면, 서로 문안하는 것이 왜 중요한가?" 참가
자들의 대답은 다음과 같았다. "우리는 한 가족으로 하나님의 부르심과 사
명을 이루어 갈 사람들이기 때문이다. 문제를 인식하는 우리 자신이 먼저
자기 중심성을 내려놓고 타인을 돌아보는 자가 되어야겠다." 필자도 서신
말미에 있는 인사를 선교적으로 읽으면서 그것이 형식적인 말이 아니라
하나님의 선교에 참여하는 여정을 함께하는 동반자들에 대한 소중함과 애
정을 담은 말임을 새삼 깨닫게 되었다.

셋째로, 선교적 성경 읽기는 선교적 삶을 실천하도록 도와준다.

선교적 성경 읽기는 성도 개인과 교회 공동체가 자신들이 처한 삶의 자
리에서 부딪히는 선교적 도전과 질문들에 대해 하나님의 위대한 이야기의
일부인 성경 본문 안에서 어떤 선교적 가르침을 제시하는가를 고민하도록
도전하고, 이를 기초로 하나님의 선교에 참여할 수 있는 선교적 삶의 실천
방안을 모색하도록 도와준다.

베드로전서는 선교적 백성에게 보낸 선교적 편지이다. 앞서 언급했듯
이, 캄보디아 복음화율은 현재 1% 정도이다. 지배문화의 주변부에서 거류
민과 나그네로 살며 고난을 받지만, 오히려 예수 그리스도의 증인으로 하
나님의 선교에 참여하고 있는 베드로전서 수신자들의 상황과 캄보디아 성
도들의 상황이 매우 유사하다. 곧 우리 그리스도인은 이 땅에서 외국인과

나그네로서 영원한 고향, 즉 하나님 나라를 향해 나아가고 있는 순례자이다(1:1-2, 17; 2:11-12). 하지만 우리를 부르시고 보내시는 선교하시는 하나님은 모든 장소와 모든 시간에, 곧 우리 일상의 삶 가운데 임재하시고, 역사하신다(1:12; 4:7-11, 14).

이와 관련하여 필자는 다음과 같이 참가자들에게 질문하였다.

> 본문 1장 13-17절에 의하면, 그리스도인은 거룩한 삶, 구별된 삶으로 부름 받았다. 직장이나 학교, 가정에서 성경적인 거룩한 삶으로 인해 선한 영향력이나 오히려 다른 사람들로부터 어려움을 겪은 적이 있는가?

이러한 질문에 대해 참가자들은 다양한 경험을 나누어주었다. 켐마 자매는 학창 시절에 절을 방문해야 하는 과목이 있었는데, 선생님이 가지 않으면 점수를 깎겠다고 하였지만 가지 않았다고 한다. 결국 점수를 받지 못하였다. 또한 캄보디아에서는 때때로 선한 의도로 교통사고 환자를 도우려다 가해자로 몰리는 경우들이 종종 있다. 그렇기에 많은 사람들이 교통사고 현장에 몰려 있지만, 경찰이 올 때까지 방관하는 경우가 있다. 그런 상황을 무릅쓰고 짠띠 자매는 선한 사마리아인처럼 길을 지나다 목격한 교통사고 환자를 병원까지 데려다 주었다고 한다. 그리고 라반 자매는 공장에서 팀들 사이에 이루어지고 있는 훔치는 관습을 벗어나기 힘들다고 고백하였다. 하루 주어진 분량의 재료로 일정한 수의 제품을 만들어야 하는데, 제품 불량 등 그 수가 부족한 경우 그 부족분을 채우기 위해 다른 팀의 물건들을 몰래 훔쳐 와서 채운다는 것이다. 하지만 하나님이 거룩한 삶으로 우리를 부르셨기에 그리스도인으로서 다른 삶을 살기 위해 앞으로 다른 동료들에게 비난받더라도 훔치는 일에 동참하지 않겠다고 결단하였다.

이처럼 선교는 신학의 어머니라고 말하듯이, 선교적 성경 읽기는 세상과의 선교적 만남을 가지는 교회 공동체가 자신학화할 수 있는 기회를 제공한다. 하나님의 백성인 교회의 복음 전달과 성장의 역사는 한 마디로 번역의 역사라고 할 수 있다. 라민 사네(Lamin Sanneh)가 주장했듯이, 복음은 본질상 번역이 가능하기 때문에 다양한 문화의 형식을 입을 수 있다. 교회는 성경과 전통에 뿌리내리되 또한 그런 성경과 전통을 자신이 처한 새로운 상황에 비추어 재해석해야 한다. 곧 창조적인 신학적 반성 작업을 지속해야 한다. 달리 말해 성경 읽기는 수정이나 재고가 필요 없는 단 하나의 신학을 고수하는 정적인 작업이 아니라 전통적 신학을 오늘날의 문화와 복음전도적 상황 속에서 지속적으로 개선시켜 나가는 역동적 과업이다. 오늘의 변화된 상황을 대화 파트너로 삼아 해석의 의지를 갖고 성경을 읽음으로써 우리의 신앙과 실천을 새롭고 혁신적인 방식으로 번역해야 한다. 달리 말해 선교적 성경 읽기는 교회 공동체로 하여금 무엇을, 어떻게 증거해야 할지 창의적인 상황화 전략을 상상하고, 발휘하도록 자극한다.

넷째로, 선교적 성경 읽기는 예수 그리스도의 길을 따르는 선교를 지향하도록 도와준다.

우리의 선교는 예수님의 인격과 말씀, 그리고 사역, 곧 그리스도의 선교에 기초해야 할 뿐만 아니라 그리스도의 선교에 의해 평가받아야 한다. 초기 기독교 선교에 있어서 '최초의 선교사'를 찾는다면 예수님이라 할 수 있다(요 20:21). 그리고 예수님의 선교, 특히 성육신은 우리의 선교를 위한 최고의 모델이다(요 1:14; 빌 2:5-8). 베드로전서는 그리스도를 모델로 한 선교적 생활방식과 그리스도 중심의 메시지를 성도들이 처한 환경 가운데 창조적 방식으로 지속해 나갈 것을 가르친다.

베드로전서에서 부각되는 선교와 거룩함, 선교와 고난이라는 주제는 순례자로서 살았던 그리스도의 길을 캄보디아 성도들이 따르도록 하며, 또한 기복주의에 물든 캄보디아인과 그 영향을 여전히 받고 있는 성도들의 신앙관을 교정해 준다. 곧 하나님의 선택에는 봉사의 책임이 뒤따른다. 우리의 선한 행실로 말미암아 세상 사람들이 구원받게 하려고 우리는 자원하여 선교적 거룩함과 순종(1:13-17; 2:11-3:12; 4:1-6), 선교적 고난(1:6; 2:18-21; 3:13-17; 4:12-19; 5:1, 8-11)에 동참하는 것이다.

또한 베드로전서는 구두적 증언도 강조한다. 우리는 복음을 선포하고, 질문에 대답하는 등 말로 증언해야 한다(1:12, 22-25; 3:15). 그리고 선포해야 할 메시지는 예수 그리스도의 고난, 구속적 죽음과 부활, 승천, 소망과 심판이다(1:18-21; 2:22-25; 3:18-22).

이와 관련된 필자는 성도들에게 다음과 같이 질문하였다. "본문 3장 15절에서 말씀하듯이, 우리의 일상 속 거룩한 삶을 통해 우리에게 있는 소망에 관한 이유를 묻는 자들이 있었는가?" 이 질문에 대해 참가자들은 이웃들이 복음에 대해, 교회에 대해 질문하는 다양한 이유를 나누었다. 켐마 자매는 자신이 절에 안 가기 때문에, 그리고 가난하지만 기쁨이 가득하고 걱정하지 않을 때 이웃들이 질문한다고 대답하였다. 또한 니따 자매는 자신이 술과 담배를 안 하기 때문에, 예전보다 더 웃고 이야기하기를 좋아하기 때문에 질문한다고 대답하였다. 그리고 라반 자매는 예전에는 친구들과 놀러 다니는 것을 좋아하면서 살았지만, 이제는 신앙생활이 좋고, 어린이 사역이 좋다고 말하였다. 그리고 그런 모습을 보고 친구들이 질문한다고 대답하였다. 그리고 참가자 모두 베드로전서에서 베드로가 다양한 상황에서 예수 그리스도를 적용의 근거로 삼았듯이, 불신자들의 다양한 질문에 답하기 위해 예수님의 복음을 더 체계적으로 알아가고, 깊이 경험해야겠다고 결단하였다.

다섯째로, 선교적 성경 읽기는 성경 전체를 통합적으로 보게 함으로 이분법적 신앙을 교정하도록 도와준다.

많은 교인들이 주일과 평일, 교회와 세상, 예배와 일, 윤리와 증언, 선택과 봉사, 복음전도와 사회참여, 개인 구원의 복음과 하나님 통치의 복음 사이의 분리를 경험하고 있다. 특히 캄보디아의 국교인 불교와 정령신앙이 시행하는 각종 의식과 주술 등이 일상에서 사람들에게 지속적으로 영향을 미치고 있다. 하지만 이에 대한 교회의 성경적인 기능적 대체가 제대로 이루어지지 않아 복음은 천국으로 가는 길만 보장할 뿐 일상생활에는 아무런 영향을 미치지 못하므로, 오히려 기독교인들이 일상의 문제를 해결하기 위해 하나님을 찾기보다 주술사를 찾는 이중 충성의 문제가 발생하기도 한다. 그렇기에 개인 구원의 복음을 넘어 하나님 통치의 복음, 곧 모든 삶의 영역과 대상, 인간의 전인적 문제에 대한 그리스도의 주되심을 증거해야 한다.

이와 관련하여 베드로전서는 그리스도인이 세상으로부터 구별되어야 할 뿐만 아니라 동시에 그 세상 속에서 살아야 한다고 가르친다. 즉 참여적 나그네로서 사회구조들(정치, 경제, 가정, 사회, 종교 등) 속에 적극적으로 참여해야 한다(2:13-3:7). 달리 말해 선교는 전 영역 그리고 전인의 문제를 다루는 총체적 선교가 되어야 한다. 또한 선교는 경계 허물기를 통해 모든 종류의 사람들을 포함하는 보편적 선교가 되어야 한다(2:13-3:7).

참가자들과 함께 필자도 2장 13절에서부터 3장 7절까지의 성경 본문을 하나하나 따라 읽어가며 참가자들에게 다음과 같이 질문하였다.

> 본문 2:13, 2:18, 3:1 에서 공통적으로 국가의 왕, 직장 상사, 가정의 남편에게 "순종하라"는 말씀이 나온다. 이처럼 신앙생활은 교회 안에서 뿐만 아니라 우리 삶의 모든 영역과 연관되어 있다. 지난 시간에 다루었던 2:9, 11 에 따르면, 하나님이 나를 택하신 목적이 무엇이라고 생각하는가? 성경 전체 이야기 속 나의 위치를 다시금 상상해 보라.

그리고 필자와 참가자들은 총체적 영역, 특히 우리 자신이 이웃들과 많은 시간을 보내고 있는 직장과 캄보디아의 사회 문제인 깨어진 가정 속에 하나님 나라가 임해야 함을, 그곳이 예배의 장소가 되어야 함을 돌아보게 되었다. 그리고 모든 사람들, 특히 캄보디아 사회에 널리 퍼져 있는 성소수자 가운데 하나님의 나라가 임해야 함을 다시금 깨닫게 되었다. 근래 성도들이 성 소수자 몇 명을 전도했는데, 한 성도가 다른 성도에게 하는 이야기를 듣게 되었다. "선교사님이 교회에 성 소수자를 데려오는 것을 좋아하실까?" 전도에 있어서 현지인 성도들보다 선교사인 나 자신이 모든 대상을 향한 하나님의 사랑을 나누는 데 더 큰 벽을 쌓고 있지 않나 반성하게 되었다. 이처럼 선교적 성경 읽기를 통해 이분법적 신앙을 벗어나 통합적이고 균형 잡힌 신앙을 가질 수 있었다.

나가는 말

성경은 세상의 창조로부터 시작하여 역사의 완결로 끝마치는 온 세상의 이야기를 전해준다. 또한 성경은 온 세상, 곧 모든 사람과 피조세계를 구속하시고 회복시키시는 포괄적인 하나님의 선교 이야기다. 그리고 성경은 하나님의 선교에 참여하는 하나님의 선교적 백성의 이야기이기도 하다. 곧 하나님의 선교 이야기에 참여하는 그 백성은 그 이야기 속에서 자신들에게 주어진 역할을 감당하는 것이다. 하지만 당신의 백성을 통해 이루어가시는 하나님의 선교에 관한 이야기는 끝나지 않은 이야기다. 오늘을 사는 우리도 그 이야기에 초대되었고, 우리가 감당할 자리에 참여한다. 달리 말해 우리는 우리 각자의 삶과 이야기를 가지고 하나님의 선교 이야기 속에 참여하도록 지음 받았다. 선교적 성경 읽기, 곧 하나님의 세계에서 하나님의 선교에 참여하는 하나님 백성의 이야기로 성경 전체를 읽는 것은 이 하나님의 초대에 우리를 지속적으로 이끌어 준다.

7

몽골 기독교인과 읽은 골로새서

몽골 기독교인과 읽은 골로새서

이성칠

들어가는 말

몽골 기독교 선교는 1980 년대 말 구소련의 붕괴와 함께 사회주의 체제에서 자유시장경제로 개방하면서 시작되었다. 1990 년 몽골에는 단 한 명의 기독교인도 단 하나의 교회도 없는 것으로 보고되었지만, 1990 년부터 1999 년까지 교회 태동기를 거쳐 2000 년대에는 교인 수가 매년 15% 이상 성장하였다. 가파른 성장을 이어가던 곡선은 2009 년 이후 둔화되었다. 기독교인 수는 2009 년 57,848 명까지 증가했으나 2020 년에는 46,000 여 명 (인구의 1.4%)인 것으로 조사되었다.[1]

한인 선교사들에 의한 몽골 선교는 교회건축, 음악, 교육, 복지, 봉사와 같은 전도집회와 문화행사를 통하여 현지인을 교회로 데려오는 데 초점을 두었다. 외형 중시의 교회성장전략은 탈사회주의를 맞은 몽골인들에게 경제문제 해결, 교육서비스 제공, 사회문제 해결, 따뜻한 공동체, 공산주의를 대체할 사상, 새로운 시대를 향한 기대, 새로운 신분으로의 변화 등의 기대를 주어 급속하게 교회로 흡입하는 요인이 되었다.[2] 그러나 양적성장 이면에 교회 공동체로서 삶의 변화를 이끌어 내는 가르침과 훈련은 미비하였다. 몽골 기독교 현지 지도자들은 현재 몽골 선교단계가 이양하고 철수해야 하는 단계에 이른 것으로 본다.[3] 동시에 몽골선교에서 가장 집중해야 할 사역으로 목회자, 지도자 훈련, 제자훈련과 양육을 꼽았다.[4] 이는 몽골 기독교가 복음에 의해 삶이 변하는 깊은 단계까지는 아직 미치지 못한 것을 드러내는 반증이라 생각된다. 이벤트성 전도집회, 세미나, 행사 위주의 프로그램에 현지 기독교인들이 몰리기는 하지만 성도들이 세상 속에서 하나님의 백성으로 살아가도록 교육하는 교회는 그리 많지 않은 것 같다.

몽골 교회는 내적인 연약함과 함께 전통적인 라마불교와 샤머니즘의 지속적인 영향, 자유시장경제와 물질만능주의, 세속주의의 확산이라는 외적인 위협에 노출되어 있다. 샤머니즘은 몽골인 삶의 전반에 깊은 영향을 미치고 있다. 성경적 세계관으로 변화되지 않은 몽골 그리스도인은 여전히 필요할 때면 영적으로 힘이 있다고 여겨지는 무당을 찾기도 한다. 코비드 팬데믹과 러시아-우크라이나 전쟁으로 인한 세계경제 둔화에 따른 몽골 경제의 어려움은 흔들리는 몽골 그리스도인이 쉽게 기복 신앙으로 넘어가게 할 수도 있다.

몽골 교회 공동체는 내적인 연약함과 외적인 도전에 맞서 사회 속에서 하나님의 백성으로서 매력적이고 대조되는 삶을 살아 내야 한다. 이런 면에서 현재 몽골 교회 공동체가 처한 상황은 골로새 지역 교회 공동체가 처했던 상황과 매우 유사하다. 몽골 교회 공동체가 골로새서를 선교적으로 읽어 현 상황에서 복음을 어떻게 살아가야 할지 통찰을 얻을 수 있기를 바란다. 필자는 이번 연구를 통해 소수의 대학교 교직원과 골로새서를 선교적으로 읽으면서 연구 참여자들에게 일어난 삶의 변화를 추적하였다.

연구 참여자와 선교 선이해

1. 연구 참여자

본 연구를 위해 필자는 대학교 영어강사 노밍 자매와 건설회사에 근무 중인 허서 자매와 함께 선교적 성경 읽기를 하였다. 필자는 두 자매와 함께 이 년 전부터 성경공부 모임을 진행하고 있었다. 선교적 성경 읽기 모임을 시작하기 전에 두 자매가 평소 성경을 읽는 방식과 선교를 어떻게 이해하고 있는지 알기 위해 인터뷰를 했다. 노밍 자매는 한국 유학을 다녀온 친언니 푸렙수릉에 의해 전도되었다. 그녀는 공식적인 신학교육을 받지는 않았지만, 부모님과 함께 현지 교회를 개척하였다. 그녀는 성경 본문 연구나 깊은 묵상보다 성경통독을 선호하였고, 현재 육 개월에 성경 일독을 위해 날마다 성경을 열 장 이상씩 읽고 있다.

허서 자매는 대학교에서 총장 비서로 일하다 이번 성경 읽기 모임을 시작하기 한 달 전 직장을 옮겼다. 현재는 몽골에서 프로젝트를 진행중인 터키 건설회사에서 몽골 노동자와 터키 노동자 사이에 문화 차이로 발생하는 분쟁을 중재하는 업무를 하고 있다. 허서 자매는 터키에서 유학하였고 그곳에서 석사학위까지 마쳤다. 그녀는 열네 살 때 선교사로부터 성경을 처음 받아 그때부터 드문드문 읽기 시작했다. 터키에 있는 동안 교회는 다니지 않았지만, 이모가 보내준 성경책을 읽었다. 그녀는 터키에서 교통사고를 당해 크게 다쳤는데, 치료 과정 동안 예수님을 믿기 시작했고 2009년에 몽골로 돌아와 몽골 현지 교회 선교팀에서 봉사하고 있다. 허서 자매는 성경을 통독하기보다 짧은 구절을 오랫동안 묵상하는 것을 더 좋아한다.

2. 연구 참여자의 선교 선이해

허서 자매는 선교를 복음이 전파되지 않은 곳에 복음을 전하는 것으로 이해하고 있었다. 선교란 단어를 들으면 헌신이 떠오르고 매우 힘들기 때문에 자신은 할 수 없는 것이라고 했다. 노밍 자매는 선교를 복음 전하는 것과 교회에서 하는 모든 사역을 선교로 인식하고 있었다. 몽골 복음주의는 선교를 '구원의 소식'(아우를린 자르)으로 번역해 왔으나 최근에는 '보내기'(일젤트)로 번역하고 있다.5 선교가 '구원의 소식'으로 번역될 때는 복음 전파에 중점을 두었다면, 최근의 '보내기'에서는 선교사를 보내는 파송 행위에 더 중점을 둔 것이다. 선교를 번역한 용어의 변화는 몽골 복음주의가 자국의 선교단계를 어떻게 이해하고, 어떤 방향으로 끌고 가야 할지 고민한 결과를 보여 준다. 몽골에 기독교가 전파된 지 삼십여 년 만에 몽골 교회가 타문화권으로 파송한 선교사 수가 백여 명에 이르는 현실은 몽골 복음주의가 선교를 '보내기'로 정의한 것과 무관하지 않을 것이다.6 그러나 몽골 교회의 선교 이해는 아직까지 총체적인 하나님의 선교 개념에는 이르지 못했으며, 성경에 나오는 선교와 관련된 구절들을 통해 부분적으로 선교를 이해하고 있다는 것을 보여 준다.7

성경 읽기 모임 형태

본 연구 참여자들이 지리적으로 멀리 떨어져 있어 온라인 형태로 성경 읽기 모임을 진행했다. 2023 년 3 월 21 일에 첫 모임을 했고, 6 월 말까지 매주 한 번씩 총 12 회 모임을 했다. 성경 읽기 본문으로는 골로새서를 선택했다. 필자는 참여자들과 질문과 답을 하는 대화식 모임을 진행하려 했으나 대화가 잘 이루어지지 않자, 두 참여자는 필자에게 해당 본문의 의미를 직접 가르쳐 달라고 했다. 참여자들이 이렇게 요청한 데는 몇 가지 이유가 있었을 것이다. 참여자들과 이전까지 성경공부 모임을 할 때 필자가 강의하는 형식으로 진행했었기 때문에, 필자와 두 명의 참여자 사이에 이미 가르치는 자와 배우는 자라는 틀이 생겨 대화형 진행이 어려웠을 수 있다. 또 필자는 이들이 근무하는 대학교 교수이기 때문에, 교수와 직원이라는 권위구조 때문에 자유스러운 대화식 성경 읽기가 되지 못했을 수도 있다. 그래서 대부분 모임 동안 함께 성경 본문을 읽은 후 필자가 성경 본문을 해석하고 마지막에 그날 배운 소감과 삶에 적용한 것을 나누었다.

선교적 성경 읽기와 삶의 변화

골로새는 소아시아 서쪽에 리쿠스(Lycus) 계곡으로 둘러싸인 도시로 다양한 문화가 교차하는 길목이었다.[8] 바울은 철학 사상과 신비 종교에 의한 혼합주의에 유혹을 받는 골로새 교회 공동체에 편지를 보냈다. 골로새서에 나타난 혼합주의에 대항하는 바울의 처방은 먼저 그리스도의 우주적인 주 되심과 그분에 의한 구원의 범위가 전 우주적임을 골로새 교회 공동체에 확언하는 것이었다. 바울은 교회 공동체로 하여금 인간을 회복하려는 하나님의 선교와 회복된 하나님 백성의 선교를 연결하면서 두 선교를 관통하는 그리스도의 삶과 죽음, 부활에 대한 올바른 지식을 구비하여 복음에 도전하는 시대 철학과 신비종교에 대응케 한다. 바울은 골로새서에서 타락한 인간을 회복하시려는 하나님의 선교 중심에 만물의 창조주이신 그리스도가 계시고, 성육신하신 그리스도의 죽음과 부활로 교회 공동체가 형성되고, 하나님의 백성으로 구비된 교회 공동체는 그리스도의 몸으로써 세상과 대조되는 거룩함과 사랑의 일군으로 살아가도록 한다.

몽골 기독교인은 두려움의 메커니즘으로 작동하는 샤머니즘과 라마불교의 혼합주의적 도전에 항시 노출되어 있다. 그들과 함께 골로새서를 선교적인 관점에서 읽는 것은 그들로 하여금 믿음에 굳게 서서 복음의 소망에서 흔들리지 않게 할 것이다. 아래에서는 연구 참여자와 함께 골로새서를 선교적으로 읽으면서 나눈 것들을 기술하고자 한다.

1. 그리스도의 권능으로 두려움에서 벗어나기

골로새 교회 공동체를 위협하는 혼합주의적인 요소가 무엇이었는지 서신에는 명확하게 드러나 있지는 않지만, 바울이 여러 번 언급한 '충만', '비밀', '통치자들', '권세들'이라는 단어로부터 골로새 지역의 혼합주의는 어느 특정한 철학 사상이나 종교라기보다 초기 영지주의 형태의 철학 사상과 신비종교였다는 것을 짐작할 수 있다.9 골로새 교회 공동체 내에는 악령과 어둠의 세력, 우주적 힘의 두려움에 매여 영적인 세력을 달래고 자신들의 운명을 쥐고 있다고 여겨지는 천사를 숭배하는 자들이 있었다.

바울은 어둠의 세력에 대한 두려움에 노출된 골로새 교회 공동체를 향해 그리스도를 초우주적인 존재로서 만물의 창조자, 눈에 보이지 않는 모든 통치와 권세를 다스리는 분으로 제시한다. 그리스도에 의해 구원받은 성도들은 더 이상 어둠의 영적 세력의 지배 아래 있지 않고 그리스도의 빛의 나라로 옮겨졌음을 선포한다. 성도들은 그들을 짓눌러 왔던 영적인 세력에 대한 두려움을 그리스도의 권능으로 떨쳐 버려야 한다.

많은 몽골 가정은 라마불교와 샤머니즘에 매여 인생 대소사를 승려와 무당이 지시하는 대로 따라 행한다. 몽골 기독교인들은 그리스도를 믿으면서도 두려움으로 작동되는 샤머니즘의 어두운 영적 세력에서 완전히 자유롭지는 않다. 어떤 선교사와 현지 목회자는 성도들 안에 있는 영적 세력에 대한 두려움을 역이용하여 성도들로 하여금 자신들에게 충성하게 하거나, 규율적인 신앙을 유지하는 데 이용하기도 한다.

노밍 자매는 또 다른 영적 두려움의 예로 성령의 은사와 같은 영적인 능력을 강조하면서 자신을 영적으로 우월한 자로 자처하며 기독교 무당처럼 행하는 어떤 성도를 두려워하고 있다고 했다. 필자와 두 자매는 골로새서 1:15-23에 근거하여 오직 그리스도만이 모든 권세의 주인 되신다는 것, 교회의 머리는 오직 그리스도 한 분이시고 성도들은 그분의 몸으로 모두 동등하다는 것, 그리고 그분과 친밀한 관계를 맺는 자가 누리는 평안과 안정에 대해 나누었고, 노밍 자매는 두려움에서 놓이게 되었다.

2. 그리스도의 십자가를 자랑하기

골로새서 1:15-23에는 온 우주를 회복하려는 하나님의 선교가 분명하게 나타나 있다. 하나님이 세상을 회복하시는 방식은 교묘한 말이나 사람이 감각할 수 없는 영적 세계에서 이루어진 것이 아니다. '하나님의 선교'의 핵심은 그리스도의 육체적 죽음을 통해 실재 물질의 차원에서 완성된 것이다. 만물을 회복하는 유일한 방법은 육체를 입은 그리스도의 죽음을 통해서였다. 골로새 철학은 육체를 악하게 여겨 육체를 입고 오신 그리스도를 탁월한 존재로 여기지 않았다. 그들의 이론에 따르면 육체로 오신 그리스도는 영적 권위에서 말석에 위치하는 나약한 존재로서 악한 영을 상대할 수 없다고 여겨졌다. 그들은 자신들을 지켜 줄 더 큰 영적인 존재를 숭배해야 한다고 주장하였다. 이런 골로새 철학 사상의 가장 큰 위협은 그리스도를 격하하는 데 있었다.

골로새 철학에 반대하여 바울은 성자 하나님께서 물질세계로 오셨음을 강조한다. 바울이 골로새서 1:15-23을 통해 강력하게 반대하고 있는 것은 육체를 악하게 여겨 육체를 입고 오신 그리스도 예수를 격하하는 당시의 철학 사상이었다. 그들의 주장은 그럴싸하게 들리지만, 하나님의 선교의 정점인 그리스도의 구원 사역을 무너뜨리려는 교묘한 속임수였다. 하나님께서는 오직 육체로 오신 그리스도 예수의 죽음을 통해서만 만물을 하나님께로 화목하게 하셨다. 모든 신성을 비우고 인간이 된 그리스도 예수의 육체적 죽음이 어떻게 만물을 하나님과 화목하도록 회복할 효력을 갖게 되었는가? 그것은 신성이 그리스도의 육체에 충만하게 나타났기 때문이다. 그리스도께서는 육체로 계신 동안 고난을 통해 온전하게 되었다(히 2:10). 자신의 육체에 신적인 거룩함을 채웠다(히 2:11; 4:15). 그분은 자신의 육체에 신적인 사랑과 신실함을 채웠고(히 2:17) 죽기까지 순종함으로 신적인 순종을 채웠다(히 3:2, 5; 5:8, 9). 하나님 아버지께서는 그리스도 예수 안에 신성의 충만함이 거하는 것을 보시고 기뻐하셨고(골 1:19), 그리스도의 육체적 죽음을 통해 만물을 회복시키고, 만물을 하나님 당신에게 화목하게 하셨다. 그러므로 그리스도의 십자가가 보여 주는 것은 오직 그리스도의 육체적 죽음만이 만물을 하나님께 화목케 할 수 있다는 하나님의 선교방식의 유일성이다.

허서 자매는 이전까지는 그리스도의 영혼과 몸이 따로 분리되어 있다고 생각했다고 한다. 그리스도께서 육체의 고난을 받았다는 성경 구절들을 대수롭지 않게 대했고, 사람의 영혼을 구원하는 데 왜 그리스도의 육체가 고난을 받아야 하는지, 그리스도 안에 신성의 모든 충만이 육체로 거한다는 말이 무슨 뜻인지 이해하지 못했는데 이제 분명하게 이해된다고 했다.

3. 하나님 백성으로 구비되기

이스라엘 백성은 애굽에서 해방되어 광야에서 하나님으로부터 율법과 성막을 받았다. 그들은 광야생활을 거쳐 가나안 땅에 들어가 하나님의 백성으로 형성되었다. 이스라엘은 가나안 땅에 살면서 하나님의 택하신 백성, 왕 같은 제사장, 거룩한 백성으로, 하나님의 영광을 선전하는 자들로 주변의 가나안 족속들과 대조되는 삶을 살도록 명령을 받았다. 하나님의 약속을 따라 메시아가 오신 신약시대에는 교회 공동체가 하나님의 백성을 잇는다. 구약시대에 이스라엘로 국한되었던 하나님의 백성은 신약시대에 온 열방으로 확대되었다. 유대인의 혈통과 할례에 의한 전례적인 것에서 그리스도 예수를 영접하는 자는 누구라도 하나님 백성이 되었다.

바울은 그리스도를 믿는 자들이 하나님의 백성으로 형성되는 과정을 생생한 이미지로 그리고 있다. 흑암의 권세 아래 앉아 있는 죄인들을 그곳에서 뽑아내어 하나님 아들의 나라, 빛의 나라로 옮겨 심었다(골 1:13-14). 이 이미지가 나타내는 것은 하나님께서 그리스도를 통해 신자를 완전히 회복했고, 신자는 하나님과 완전하게 화목하게 되었다는 것이다. 그리스도의 죽음은 하나님과 원수가 되었던 자들을 하나님의 백성이 되도록 하는 완전하고 충분한 능력이 있다(골 1:20). 신자들은 그리스도 안에 있는 신성의 충만함으로 충만하게 되며(골 2:9-10) 하나님 앞에서 거룩하고 흠 없고 책망할 것이 없는 하나님의 백성으로 형성된다(골 1:22).

바울은 골로새서 2:12-13, 3:4-10 에서 또 다른 이미지를 이용하여 신자들이 하나님과 화목케 됨의 완전성을 보여 준다. 신자들은 그리스도와 함께 완전히 죽었고, 그분과 함께 새로운 삶으로 일으킴을 받았다. 그리스도의 부활에 참예함으로 새로운 피조물이 된 것이다. 그리스도를 통해 새롭게 형성된 하나님의 백성은 새 생명을 소유한다. 이 생명은 현재 그리스도와 함께 하나님 안에 감추어져 있으며, 종말에 그리스도께서 나타나실 때 영광 중에 그리스도와 함께 나타날 것이다(골 3:4). 이 감추어진 생명은 부활의 생명이다. 하나님은 새 생명을 신자들에게 주심으로 신자들을 새롭게 하며 하나님의 새로운 백성으로 구비시킨다. 부활의 새 생명은 신자들이 하나님의 백성으로 세상에서 주께 합당하게 살아가는 원동력이 된다.

허서 자매는 그동안 자신이 여러 가지에 매여 옛사람을 좇아 살았다고 고백했다. 그러나 그리스도께서 자신을 새사람으로 만드시고, 자유롭게 하셨다는 것에 감사했다. 노밍 자매는 대학교 영어학과 직장동료 중 나이도 가장 어리고 석사학위만 있어서 매번 영어학과장이나 동료 교수들로부터 부당한 대우를 받고 있다고 했다. 때로는 억울하기도 하고 하소연을 할 사람도 없어 혼자 울기도 했다고 한다. 자신에게 부당하게 대하는 동료들을 미워했고, 직장에서 받은 스트레스를 인터넷 쇼핑으로 풀었다고 한다. 필요 없는 것들을 많이 구입했고 남편과 불화도 잦아졌다고 했다. 그러나 그리스도를 믿음으로 하나님의 백성으로 형성되었다는 말씀에서 하나님의 백성으로서의 자신의 정체성을 발견했다고 했다. 앞으로 학교에서 힘든 상황들을 잘 헤쳐 나갈 힘이 생겼다고 말했다.

4. 그리스도의 몸으로 세상에서 살아가기

그리스도인이 세상에서 악을 버리고 선을 행하며 살아야 하는 이유는 그리스도와 교회 공동체가 머리와 몸의 관계이기 때문이다. 로마서와 고린도전서에서도 머리와 몸의 비유가 사용되지만, 거기에서는 공동체적 삶을 살아가는 교회 구성원들의 통일성과 다양성을 드러내기 위해서였다. 골로새서에서는 머리와 몸의 이미지를 좀 더 근본적인 차원에서 적용하는데, 머리와 몸이 하나로 연결되어 있다는 점에 집중한다. 교회 공동체는 그리스도와 연결되어 일상 삶에서 친밀한 관계 속에 있어야 한다. 골로새서의 머리와 몸의 연결된 이미지는 요한복음의 포도나무와 가지가 연결된 이미지와 같다(요 15:5).

당시 골로새 철학 사상은 인간을 신에게로 이끌기 위해 천사들이 필요하며, 등급별로 나누어진 천사들은 인간을 각각 다음 영적 단계로 인도하여 마침내 신에게까지 이르게 한다고 주장했다. 사람들의 운명은 천사들 손에 쥐어져 있기 때문에, 천사를 숭배하고 악한 육체를 제어하기 위해 금

욕주의를 실천해야 한다고 주장했다. 바울은 성도들이 과연 누구를 경배해야 하는지, 누구를 머리로 삼아 복종해야 하는지 확언한다. 교회 공동체는 오직 그리스도만을 머리로 삼고 그분과 친밀한 관계를 누리면서 그분의 몸이 되어 머리 되신 그분이 현현하는 선교 공동체가 되어야 한다. 신자의 말과 행동은 그리스도 예수 표(brand)가 되어야 한다(골 3:17). 신자들의 말과 행동에서 그리스도가 드러날 때 교회 공동체는 세상에 매력적인 공동체로 비춰질 것이다. 교회 공동체는 절대적이고 모든 우주적 권세를 다스리시는 그리스도께서 교회의 머리가 되신다는 사실을 이해해야 한다(골 1:18).[10] 전 우주를 새롭게 회복하신 그리스도를 머리로 둔 교회 공동체는 현대 사회가 강요하는 우상숭배적인 철학 사상에 지배당하지 않고 오직 그리스도의 권세 아래에서 그분의 몸으로 살아가야 한다.

허서 자매는 몽골에서 건설프로젝트를 하고 있는 튀르키예회사에서 일하는데, 그녀의 업무는 몽골 노동자와 튀르키예 무슬림 노동자 사이에 발생하는 분쟁 해결이다. 두 나라 노동자들은 문화 차이로 분쟁이 잦았고, 허서 자매는 매일 발생하는 문제와 스트레스로 그들을 미워하게 되었다. 한번은 작업장에서 여성 노동자에 대한 성희롱 문제로 두 나라 노동자들 사이에 싸움이 일어났다. 허서 자매는 노동자들에게 화를 내고 소리를 질렀다. 도저히 감당할 수 없는 사람들이라며 당장 내일 출근하면 사표를 내겠다고 마음먹었다고 한다. 허서 자매는 그날 저녁 성경 읽기 모임에서 직장에서 보인 자신의 말과 행동이 과연 그리스도 예수를 드러낸 것이었나 반추하게 되었다. 그들도 자신과 똑같은 죄인들이며, 하나님을 떠나 있으니 강퍅한 마음을 가질 수밖에 없고, 자신이 그들을 정죄할 수 없다는 것을 이해했다. 자신은 그곳 노동자들 사이로 보냄 받은 그리스도의 몸이니 앞으로 그리스도의 몸을 드러내는 말과 행동을 해야겠다고 말했다.

나가며

골로새서를 본문으로 선교적 성경 읽기 모임을 하면서 필자는 이전 성경공부 모임에서는 경험하지 못했던 새로운 경험을 했다. 바로 성경 읽기 모임 참여자들과 공동체 의식이 생긴 것이다. 필자는 두 자매와 이년 이상 성경공부 모임을 했지만, 그들과 공동체로 묶여 있다는 생각은 거의 없었다. 각자가 속한 교회 공동체에서 사역하다가 주중에 성경공부 모임 시간이 되면 모이고, 끝나면 각자의 자리로 흩어지는 모임이었다. 필자는 공동체에 속한 일원으로 나 자신을 보기보다 두 자매에게 성경을 가르치는 자로만 생각했다. 그러나 선교적 성경 읽기 모임을 하면서 필자뿐 아니라 두 자매 모두 한 공동체에 소속되었다는 경험을 하게 되었다. 이러한 변화는 선교적 성경 읽기에서 강조하는 해석공동체성 때문이라고 생각된다. 선교적 성경 읽기는 성경 본문에 근거해서 공동체가 왜 지금 이곳에 있는지, 공동체는 각자 처한 상황에서 어떤 공동체가 되어야 하는지를 생각하게 한다. 선교적 성경 읽기는 우리로 하여금 각자가 처한 상황에서 하나님의 백성으로 살아갈 때 마주하는 어려움을 함께 나누고, 기도하고 조언하는 사랑의 공동체로 만들어 주었다. 이번 선교적 성경 읽기에 참여한 두 자매는 일주일에 한 번 모였지만 이 모임이 힘든 직장생활에 활력을 주는 영적인 힘이 된다고 했다.

필자에게 선교적 성경 읽기 모임은 성경이해와 해석의 폭을 넓혀 주는 계기가 되었다. 성경을 하나님의 선교적 관점에서 바라보는 것은 성경 각 권을 단순히 대서사(grand narrative)의 몇 번째 막에 속하는 것으로 구분하여 단순하게 그 막에 위치시킨 후 일률적으로 읽는 것을 의미하지 않는다. 선교적 성경 읽기는 성경 본문을 충실히 연구하여 그 성경 본문이 나온 역사적 상황, 저자와 성경을 읽는 당시 독자가 만들어 내는 상호작용을 먼저 파악해야 한다. 이런 철저한 성경 본문 이해를 바탕으로 오늘날 그 본문을 읽는 개인과 공동체의 선교적 물음이 제기되어야 한다. 이런 선교적 성경 읽기의 일련의 과정을 GMF 연구 진행팀의 멘토링을 받으면서 경험할 수 있었다.

선교적 성경 읽기 모임에 참여한 두 자매의 간증을 들으면서 필자는 어떤 목적으로 성경을 읽는지 돌아보게 되었다. 성경을 마스터하기 위해 성경을 읽는가? 아니면 성경이 나를 마스터하도록 성경을 읽는가? 필자는 현지인에게 성경을 가르치기 위해 열심히 성경을 연구하면서 내가 성경 본문을 마스터하려 했다는 것을 고백하지 않을 수 없다. 선교적 성경 읽기는 성경이 나를 변화시키고 나를 마스터하도록 하기 위해 성경을 읽어야 한다는 기초적인 전제를 상기시켜 주었다. 하나님의 거대한 선교 이야기 속에 나와 우리 공동체의 이야기가 현재 진행형으로 기록되고 있다는 사실이 모두를 전율케 하기를 바란다.

8

Missional Readings of the Bible:
Looking Back and Looking Forward

Missional Readings of the Bible:
Looking Back and Looking Forward

Tim J. Davy

Introduction

It has been my privilege to teach and research on the relationship between God's word and God's mission for fifteen years. During that time I have been based at two different cross-cultural mission training colleges in the UK (Redcliffe College and All Nations Christian College) and have also completed a PhD with a focus on applying a missional hermeneutic to the book of Job. This has meant that I have had the joy our developing and exploring missional readings of the Bible in conversation with students and colleagues from around the world as we try to work out what it means for our participation together in God's mission.

When I introduce the topic of missional readings to my students I like to say that it has profoundly impacted me as a teacher, as a student, but most importantly of all, as a disciple of Jesus. I am convinced that missional readings of Scripture are not just academically robust and enriching, but also a wonderful source of nourishment for all believers.

In this brief article I will reflect on the development of 'missional' readings from my perspective as a British scholar, very aware that the most well-known, published conversation on 'missional hermeneutics' have largely emerged from Western (mainly North American and European) contexts. It is important to acknowledge, however, that believers throughout history and across the world have found ways of connecting the Bible and God's mission. What I am focusing on here is the development of 'missional hermeneutics' as a specific, named method of interpretation.

What do we mean by 'missional' readings?

Elsewhere I have defined missional hermeneutics as 'an approach to biblical interpretation that seeks to read texts in the light of the missional nature of Scripture'(Davy, 2020, p. 1). This idea of the missional nature of the Bible builds on the work of others who have shown that the Bible could be said to have mission woven into its very DNA; that is, mission is not just a theme of the Bible (along with many other themes), but rather is in a different category (see, for example, Wright, 2006, pp. 33-47). Others have talked about the missional origins, content, and purpose of the Bible (for a review, see Davy, 2020, pp. 11-19). If this is the case then the reality of God's mission explains why we have a Bible in the first place, why we have the texts we do, the overall storyline of the Bible, and what effect the Bible is meant to have on its readers and the world into which its readers are called to serve.

Given this thoroughly missional nature of the Bible, it makes sense to find ways of reading the Bible that help us to notice these missional elements, and (through the work of the Spirit) to realise the potential of the Bible to energise and inform our application of the Bible to our missional lives and contexts.

When I begin a class on missional hermeneutics, I often ask the students to suggest biblical texts that relate to mission. Common answers include passages like Matthew 28; Acts 1; Genesis 12; Psalm 67; Jonah; and Revelation 7. While affirming these choices my main concern is to develop my students' awareness that they can draw from *the whole of the Bible* to inform their understanding and participation in God's mission. Indeed, I see missional hermeneutics as a joyful invitation to drink deeply from the well of the whole of Scripture, and not just from a few well-known (though important) passages.

Assessing the missional hermeneutics conversation

Over the years I have thought a lot about the way the missional hermeneutics conversation has developed, and where it might go in the future. There have been many good things to come out of the conversation. It has brought joy to see missiologists and missionaries in conversation with biblical scholars, each making the other alert to the richness of the text and the rich ways in which the text is alive to mission contexts. As an Old Testament scholar by training, I have loved to see the way the approach of missional hermeneutics has enabled the OT to regain its place in mission conversations. Missional hermeneutics has also proven to be a wonderful tool in energising fresh readings of familiar texts, but also equipping readers with fresh ways of approaching unlikely or difficult texts missionally.[1] My own work on the book of Job has, I think, demonstrated this helpfully. I have seen the benefits of approaching Job missionally, not just in my academic work but also in missional organisation and church settings where I have presented the material. For example, Job demonstrates the seriousness with which God takes humanity's suffering, and gives believers a way of expressing our pain (and the pain of others) honestly before God. It also confronts us with questions of poverty and injustice (for example, in Job 24) and probes the very nature of the relationship between God and humanity. It is not a book of easy answers but it is a hopeful book, drawing us into God's wisdom and goodness.

There have, however, been a few things that have concerned me over the years as I've listened to, and taken part in the missional hermeneutics conversation. One question often asked is whether there is actually anything new in what is being proposed. 'Isn't this just good biblical theology?' someone might ask. My response to this is to say that, yes, in one sense missional hermeneutics does involve a deep desire to do responsible biblical theology. However, there are different dimensions to the approach which go beyond what biblical theology would typically try to do. Questions such as how we might understand the missional origins and purposes of a text, and how these and other questions might inform mission practice would be examples of these extra layers.[2]

Another critique is the lack of diversity in the formal, published conversations around missional hermeneutics. Especially in the early years, for example, the conversation was dominated by Western men. In my view this was partly because much of the energy for the conversation was coming from an annual meeting of an academic conference based in North America. One typically needs a certain degree of institutional support (such as a role, financial support, and time) to be able to attend such meetings. And related to this is the question of who is able to get publishing contracts.

I also reflect that the missional hermeneutics conversation has often been confined to the academic sphere, albeit with academics often passionate committed to and engaged in church and mission. My question, though, is whether missional hermeneutics has had much impact yet beyond the academy.

Looking to the future

Having set out some of the benefits and questions of the missional hermeneutics conversation, I want to look to the future and suggest some of the trends happening in missional hermeneutics and what this might mean for the ongoing conversations.

Diversity of texts. More and more publications are emerging each year that seek to apply a missional approach to different biblical texts. As this continues we will see a greater variety of texts engaged with, including texts that may not have received as much attention in previous missional conversations.

Diversity of voices. I am thrilled to see more and more diverse voices joining the missional hermeneutics conversation. More women are being published in this area, and there is a much better representation of God's global church in work being published. I have sought to capture this by curating a live, growing missional hermeneutics bibliography, based on the original list done by myself and Michael Goheen (Davy and Goheen, 2016, 330-338). Interestingly, when preparing a paper on a missional reading of Ecclesiastes, I found writers from outside of North America and Europe to be doing the most compelling and important thinking in this area. They seemed much more attuned to the necessity, urgency and complexity of facing up to life and mission in our fallen world (for example, Bachmann, 2002; Campbell, 2003; Deik, 2020; Goh, 2017; Jesurathnam, 2011; and Tamez, 2006). This leads to a further trend.

Diversity of themes. The development of missional hermeneutics needs to be a whole-church effort because people from different cultural contexts will notice different aspects of the text, and will bring different questions and concerns. A further stage in the development of missional hermeneutics will be to carrying out missional readings of biblical texts that are in conversation with other issues. I have sought to do this with issues such as migration and children-at-risk (Davy, forthcoming). Other examples might be to combine missional readings with other lenses such as disability studies, trauma studies, and so on.

Diversity of applications. A final challenge that I hope will be addressed over the coming years is the need for the insights of missional readings to be made more known and accessible to those working in cross-cultural mission contexts, as well as the church more broadly. Put simply, academics can't keep this wonderful treasure to ourselves! Missional hermeneutics must be put to work more intentionally to nourish the church.[3] And this is a two-way conversation where those engaged in mission activities not only receive the fruit of missional hermeneutics but do missional readings themselves and actually shape how missional hermeneutics is done.

Conclusion: a joyful invitation

In conclusion, I return to the themes of joy and invitation. The missional hermeneutics conversation has yielded much fruit in the past 20 to 30 years, but an invitation lies before all of us who use it as an approach to reading the Bible. Will we seek to share with, listen to and learn from a wider and wider community of those reading the Bible missionally? If we do, I am confident that the missional hermeneutics conversation will continue to grow and bless the church as we continue to participate in God's mission. What a deep joy that will be!

Tim J. Davy, September 2023

주

1_선교적 성경 읽기: 과거와 미래

1 Tim J. Davy, *The Book of Job and the Mission of God: A Missional Reading* (Eugene: Pickwick, 2020), 1.

2 Christopher J. H. Wright, *The Mission of God: Unlocking the Bible's Grand Narrative* (Nottingham: IVP, 2006), 33-47을 보라.

3 Davy, *The Book of Job and the Mission of God: A Missional Reading*, 11-19를 보라.

4 마이클 고힌(Michael Goheen)과 크리스 라이트(Chris Wright)의 다양한 연구는 이러한 경향을 주목하는 데 특히 도움을 준다.

5 Christopher J. H. Wright, "Truth with a Mission: Reading All Scripture Missiologically," *SBJT* 15, No. 2 (2011): 6. 예를 들면 라이트는 "제자들이 열방을 향한 그리스도의 증인이 되는 선교적 책무를 누가복음의 절정에 그리고 사도행전의 서론에 오도록 자신의 두 권의 책을 구성한" 누가를 지목했다. 그는 또한 창세기의 창조 본문이나 출애굽의 이야기처럼 신들에 대한 경쟁적인 주장에 맞서고 뛰어넘는 이스라엘 하나님의 유일성을 찬양하는 구약의 본문을 지목한다. 이러한 본문들은 복음을 증거하는 것이 때로는 어떻게 비평이 되고 초대가 되는지에 대하여 모든 종류의 중요한 대화를 촉발시킨다. 즉 다른 이야기를 믿고 살아가고 있는 친구, 이웃들 가운데서 성경이 말하는 하나님의 참된 이야기를 들려주고 그대로 살아가는 것이다.

6 Tim J. Davy and Michael W. Goheen, "Missional Hermeneutics Bibliography," in *Reading the Bible Missionally*, ed. Michael Goheen (Grand Rapids: Eerdmans, 2016), 330-38.

7 Mercedes García Bachmann, "A Study of Qoheleth (Ecclesiastes) 9:1-12," *International Review of Mission* 91 (2002): 382-84; Erica Campbell, "Ecclesiastes: Mission in a Postmodern/Post-Christian World," *Caribbean Journal of Evangelical Theology* 7 (2003): 41-56; Anton Deik, "Justice in Ecclesiastes (3:16-4:3 and 8:10-17): A Missional Reading from and for Palestine," in *Reading Ecclesiastes from Asia and Pasifika*, ed. Jione Havea and Peter Lau (Atlanta: SBL Press, 2020), 69-84; K. Jesurathnam, "A Dalit Interpretation of Wisdom Literature with Special Reference to the Underprivileged Groups in the Hebrew Society: A Mission Perspective," *Asia Journal of*

Theology 25, No. 2 (2011): 334-57; Elsa Tamez, *When Horizons Close: Rereading Ecclesiastes*, trans. Margaret White (Eugene: Wipf & Stock, 2006).

8 선교적 해석학 과목을 함께 공부한 학생이 이제 다르게 설교할 것이라고 말했는데, 이것은 좋은 예일 것이다.

2_선교적 성경 읽기, 21세기 교회를 위한 새로운 틀

1 Henry Chadwick, *Augustine of Hippo: A Life* (Oxford: Oxford University Press, 2009), 27.

2 Gary Wills, *Augustine's Confessions: A Biography* (Princeton: Princeton University Press, 2011), 58.

3 Lesslie Newbigin, "The Bible: Good News for Secularized People," The Keynote Address during the Europe/Middle East Regional Conference in Eisenach, Germany in April 1991. Newbigin.net Online Bibliography.

4 이 책은 『선교적 해석학: 하나님의 선교를 위한 성경 읽기』라는 제목으로 2023년 번역 출판되었다(IVP).

5 크리스토퍼 라이트, 『하나님의 선교: 하나님의 선교 관점으로 성경 내러티브를 열다』, 한화룡, 정옥배 역 (서울: IVP, 2010), 36-37.

6 2018년 크레이그 오트(Craig Ott) 교수가 한국에 와서 선교신학을 강의할 때 이태웅 목사께서 질문한 적이 있다. "미국 성서신학자들 중에 선교적 해석학에 대해 동의하는 교수는 몇 프로 정도 되나요?" 오트 교수는 20% 안팎일 것이라고 답변했다.

7 Michael W Goheen, ed., *Reading the Bible Missionally* (Grand Rapids: William B. Eerdmans, 2016), 3-6.

8 Goheen, ed., *Reading the Bible Missionally*, 6-15.

9 Goheen, ed., *Reading the Bible Missionally*, 6.

10 요하네스 블라우, 『교회의 선교적 본질』, 전재옥, 전호진, 송용조 역 (서울: 한국장로교출판사, 1988), 14.

11 Goheen, ed., *Reading the Bible Missionally*, 12-13.

12 Newbigin, "The Bible: Good News for Secularized People."

13 George R. Hunsberger, "Proposals for a Missional Hermeneutic: Mapping the Conversation," *Missiology* 39, No. 3 (2011): 309.

14 라이트, 『하나님의 선교: 하나님의 선교 관점으로 성경 내러티브를 열다』, 58.

15 Goheen, ed., *Reading the Bible Missionally*, 15-21. 마이클 고힌도 선교적 성경 읽기의 핵심을 하나님의 선교를 수행한 선교적 공동체 형성 중심으로 설명한다. 그가 말

하는 선교적 성경 읽기의 개요는 다음과 같다. 첫째, 성경 전체의 주제는 '하나님의 선교'다. 피조세계 전체의 회복과 모든 민족의 구원을 지향하는 하나님의 선교 이야기다. 둘째, 성경은 '선교의 의미'를 규정한다. 선교란 특수성에서 출발해 열방, 피조세계 전반으로 표현되는 보편성으로 나아가는 것이다. 특정 집단을 선택해 선교적 공동체로 형성하고 그들을 통해 열방의 회복을 진행한다. 마지막으로 성경 읽기는 하나님의 백성을 선교적 사명을 감당할 선교적 존재로 '훈련'시키고 '구비'시킨다. 하나님은 백성들을 통해 일하신다.

16 Hunsberger, "Proposals for a Missional Hermeneutic: Mapping the Conversation," 311.

17 마이클 W. 고힌, 『21 세기 선교학 개론』, 이대헌 역 (서울: CLC, 2021), 210.

18 전 세계 30 개국 150 여 개의 각기 다른 그룹에게 요한복음 4 장을 소그룹으로 공부하게 하고 그 결과들을 모아 서로 다른 문화권에서 어떻게 다르게 해석되는가를 연구했다. 그 결과는 *Through the Eyes of Another: Intercultural Reading the Bible*(2004 년)로 출간되었다.

19 이 연구에는 암스테르담의 노숙자, 남아프리카 코사어 사용자, 미국 청소년, 도미니카 공화국의 아이티 난민, 인도네시아, 노르웨이, 마다가스카르, 독일, 체코, 콜롬비아에 이르기까지 다양한 지역과 계층의 사람들이 참여했다. 다양한 문화적 배경의 사람들이 동일한 본문들을 읽었는데, 그들의 본문 이해는 지역과 상황마다 달랐다. 예를 들면 다말 강간 사건(삼하 13-14 장)은 문화권마다 이 사건에 대한 이해가 달랐다. 가족의 명예를 중시하는 문화에서는 당시 규범 내에서 허용된 일탈이라 이해하는 관점이 있었는가 하면, 서구문화적 배경의 독자들은 이 사건을 명백한 강간 범죄로 규정했다. 이 사건을 처리하는 다윗의 태도에 대한 평가도 달랐고 이후 복수에 대한 이해도 문화마다 차이가 있었다. 이러한 차이점들은 성경이 그 사회 내에 공적 복음으로 다가가는 데 매우 유용한 관점이 됨을 볼 수 있었다. 이 연구 결과는 *Bible and Transformation: The Promise of Intercultural Bible Reading*(2015 년)으로 출판되었다.

20 정성국, "선교적 해석학의 함의들: ACTS 신학 및 신앙운동과의 연관성을 중심으로," 『ACTS 신학 저널』 48 (2021): 131-32.

3_선교사와 선교적 성경 읽기

1 Johannes Blauw, *The Missionary Nature of the Church* (New York: McGraw-Hill Book, 1962), 16-17. 블라우(Blauw)는 "선교 신학이 소위 선교구절이라고 불리는 몇 몇 구절에 기댈 것이 아니라 구약과 신약 전체의 증언에 기초해야 한다"라고 말했다; J. Verkuyl, *Contemporary Missiology: An Introduction*, trans. Dale Cooper (Grand Rapids, MI: Eerdmans, J., 1978). 베어까일(Verkuyl)은 요나서를 8 개의 장면으로 나누어 설명했다. 비록 그는 '선교적 읽기'라는 표현을 사용하진 않았지만, 요나서의 선교적 읽기라고 볼 수 있다; 데이비드 보쉬도 마치 광산을 대하듯 성경에서 선교 구절을 캐내려는 시도에 대해 문제를 지적한 바 있다.

2 George R. Hunsberger, "선교적 해석학을 위한 제안," 서인호 역, 『현대선교: 선교적 성경 읽기』 24 (2020): 68. 헌스버거에 의하면 브라운슨(James Brownson)이 1992 년에 GOCN 모임에서 '선교적 해석'(missional hermeneutic)이라는 용어를 처음 사용하였다고 한다.

3 David J. Hesselgrave, "A Missionary Hermeneutic: Understanding Scripture in the Light of World Mission," *International Journal of Frontier Missiology* 10, No. 1 (1993): 17.

4 크리스토퍼 라이트, 『하나님의 선교』, 한화룡 역 (서울: IVP, 2010), 24.

5 그의 글은 2008 년에 한 모임에서 발표되었고 2011 년 이후 몇몇 잡지와 책에 소개되었다.

6 이정동, 『축적의 길』 (서울: 지식노마드, 2017), 44.

7 David J. Bosch, *Transforming Mission: Paradigm Shifts in Theology of Mission* (New York: Orbis, 2008), 497. 이 책의 한국어판은 '선교학적인 반성'이라고 번역되어 있기에 그것을 사용하지 않고 원문에서 번역했음을 밝힌다.

8 Hunsberger, "선교적 해석학을 위한 제안," 53-77.

9 선교적 문화참여(The Missional Engagement with Cultures)라는 것은 초대공동체가 마주한 세상의 상황에서, 구약의 말씀을 해석한 신약의 저자들이 가지고 있던 기준이 오늘날 선교적 상황에서 말씀을 해석하는 우리가 취할 전형이 될 수 있다는 의미이다. 브라운슨은 그 기준을 해석학적 모체(interpretive matrix)라고 불렀는데, 신약 저자들에게 그 해석학적 모체는 복음이었으며 그 복음은 "세상을 구원하려는 하나님의 목적의 정점을 우리가 예수 그리스도의 삶과 죽음과 부활안에서 보는 좋은 소식"(the good news that in the life, death, and resurrection of Jesus, we see the culmination of God's saving purpose for the world)이라고 하였다. 필자는 이것이 우리가 마주하는 상황을 구속적 메시아와 선교적 메시아라는 관점에서 예수 그리스도의 렌즈로 해석하는 것이라고 이해한다.

10 George R. Hunsberger, "Mapping the Missional Hermeneutics Conversation," in *Reading the Bible Missionally*, ed. Michael W. Goheen (Grand Rapids, MI: Eerdmans, 2016), 66.

11 이 내용은 필자의 책 『요한의 선교적 복음』 (한국해외선교회출판부, 2021)을 축약한 것이다.

12 Andrew J. Byers, Ecclesiology and Theosis in the Gospel of John (Cambridge: Cambridge University Press, 2017), 3. the focus should not be 'on the community that produced John's Gospel, but on the sort of community John's Gospel seeks to produce.'

13 요하네스 니센, 『신약성경과 선교』, 최동규 역 (서울: CLC, 2005), 22-23. 단서(clue)라는 용어는 요하네스 니센이 웨버(Weber)의 말을 인용하여 사용한 단어인데, 니센은 본문이 독자의 상황에 실마리를 제공해 준다는 의미에서 clue-text 라는 말을 인용했

다. 정확히 말하면 text 의 역할이 clue for context 가 되어야 한다는 의미이다. 필자가 위에서 사용한 단서(clue)는 그와 달리 상황이 본문에 대해 단서를 제공하는 역할이 되어야 한다는 의미이므로 context 의 역할이 clue for text 여야 한다는 의미로 사용했다.

4_하나님의 선교의 관점에서 읽은 에베소서와 파키스탄 펀자비 기독교 공동체

1 이 글은 AGST Alliance 에서 진행 중인 필자의 박사학위 연구 논문 "A Missional interpretation of the Epistle to the Ephesians and its Implications for the Punjabi Church in Pakistan"의 내용 중 일부를 본 발제의 목적에 맞게 번역, 편집 및 수정한 것임을 밝힌다.

2 Asif Ashkenaz, "The Pakistani Church: A Critical View of Its State," Paper presented at the faculty meeting of Zarephath Bible Seminary, Rawalpindi, Pakistan (April 14, 2014).

3 Frederick Stock, *People Movements in the Punjab: With Special Reference to the United Presbyterian Church* (South Pasadena, CA.: William Carey Library, 1975), 57-78.

4 Ashkenaz, "The Pakistani Church: A Critical View of Its State."

5 Frederick, *People Movements in the Punjab: With Special Reference to the United Presbyterian Church*, 66.

6 Pervaiz Sultan, *Small but Significant: Pakistan Praxis of Modern Mission* (Karachi, Pakistan: Forum for Active Christian Thought, 2010), 21.

7 Sultan, *Small but Significant: Pakistan Praxis of Modern Mission*, 21.

8 Nils A. Dahl, "Interpreting Ephesians: Then and Now," *Current in Theology and Mission* 5, No. 3 (1978): 136.

9 Stock, *People Movements in the Punjab: With Special Reference to the United Presbyterian Church*, 204.

10 Sara Singha, "Dalit Christians and Caste Consciousness in Pakistan" (PhD diss., Georgetown University, 2015), 40-69.

11 Everett Ferguson, *Backgrounds of Early Christianity*, 2nd ed. (Grand Rapids, MI: Wm. B. Eerdmans Publishing, 1993), 558.

12 Ferguson, *Backgrounds of Early Christianity*, 559.

13 Ferguson, *Backgrounds of Early Christianity*, 557.

14 J. Stevenson, ed., *A New Eusebius: Documents Illustrating the History of the Church to AD 337*, 3rd ed. (Grand Rapids: Baker Academic. Kindle, 2103), chap. 2.

15 Alan Kreider, "Beyond Bosch: The Early Church and the Christendom Shift," *International Bulletin of Missional Research* 29, no. 2 (2005): 62.

16 Luise Schottroff, *Lydia's Impatient Sisters: A Feminist Social History of Early Christianity*, trans. Helen Heron (Edinburgh: T & T Clark, 1995), 24.

17 신영복, 『변방을 찾아서』 (서울: 돌베개, 2012).

18 Linda S. Walbridge, *The Christians of Pakistan: The Passion of Bishop John Joseph.* Abingdon, Oxon: Routledge, 2003), chap. 7.

19 Kreider, "Beyond Bosch: The Early Church and the Christendom Shift," 62.

20 Asher S. Wilson, "A Message from the Faithful Witness of Revelation 1-3 to the Church in Pakistan" (Master's Thesis, Zarephath Bible Seminary, 2021), 49-50.

21 Kreider, "Beyond Bosch: The Early Church and the Christendom Shift," 62.

7_몽골 기독교인과 읽은 골로새서

1 이대학, 뭉흐바타르, 토야, 볼보르, "몽골선교지수 2021," (캠프 200, 2021).

2 이승훈, "몽골 대학생의 세계관 변화를 위한 선교전략 연구: 한인선교사의 선교전략을 중심으로" (PhD diss., MBTS, 2016), 3.

3 이대학, 김종진, 뭉흐바타르, 볼로르, "개척, 부모 단계에서 동역, 이양단계로," (제 8차 NCOWE, 2023), 1-11. 설문연구에 답한 106 명의 몽골 기독교 지도자의 56%가 현재 몽골 선교단계는 이양, 철수단계라고 인식하고 있다. 이에 반해 한인 선교사들의 80%가량은 부모단계, 동역단계로 보고 있다.

4 이대학, 김종진, 뭉흐바타르, 볼로르, "개척, 부모 단계에서 동역, 이양단계로," (제 8차 NCOWE, 2023), 1-11. 설문조사에 참여한 몽골 기독교 지도자들의 34% 이상, 한인 선교사들의 47% 이상이 목회자와 지도자 훈련, 제자훈련과 양육을 향후 집중해야할 사역으로 인식하였다.

5 마이클 고힌과 크레이그 바르톨로뮤가 저술한 『성경은 드라마다』의 몽골어 번역본 (2022)에서 선교를 '보냄(일겔트)'이라고 번역했다.

6 이대학, "몽골 기독교의 해외선교," 「ACTS 신학저널」 51 (2022): 253.

7 선교를 '보낸다'는 파송 행위로 보는 대표적인 프루프텍스트는 요한복음 20:21 "아버지께서 나를 보내신 것 같이 나도 너희를 보내노라"이다.

8 딘 플레밍, 『신약성경의 상황화』, 변진석 역 (서울: 한국해외선교회출판부, 2022), 328.

9 딘 플레밍, 『신약성경의 상황화』. 골로새서 서신에 드러난 것만으로 유추한다면 초기 영지주의, 유대교적 율법주의, 신비주의, 금욕주의를 들 수 있을 것이다. 딘 플레밍은

클린턴 아놀드의 주장에 따라 악령의 두려움과 우주적 힘에 의지하는 민간종교를 당시 문화 저변에 깔린 종교적 상황으로 전제하고, 바울이 이러한 우주적 힘의 대결이라는 구도 속에서 그리스도의 우월성을 제시하기 위해 복음을 새롭게 상황화했다고 주장했다.

10 마이클 고힌, 『열방에 빛을』, 박성업 역 (서울: 복있는 사람, 2021), 321.

8_Missional Readings of the Bible: Looking Back and Looking Forward

1 The various works of Michael Goheen and Chris Wright have been particularly helpful in pointing out these trends.

2 Wright (2011, 6) for example, points to Luke, who 'shapes his two volume work in such a way that the missionary mandate to the disciples to be Christ's witnesses to the nations comes as the climax to the Gospel of Luke and the introduction to the book of Acts. He also points to Old Testament texts that celebrate the uniqueness of Israel's God over and against competing claims to deity, for example, in the creation texts of Genesis or the story of the Exodus. Texts like these prompt all kinds of important conversations with students about how witness to the Gospel is, in part, both critique and invitation: telling and living out the true story of the God of the Bible amongst friends and neighbours living under a different story.

3 As exemplified by a student in a class on missional hermeneutics who said they would now preach differently as a result of what we had explored together.

저자소개

팀 데이비(Tim J. Davy)
영국 ANCC(All Nations Christian College) 교수

임태순
GLFocus(Global Leadership Focus) 사역본부장, 아신대 선교학 외래교수, 전 개척선교회(GMP) 대표

권성찬
현 한국해외선교회(GMF) 대표, 전 성경번역선교회(GBT) 대표, 전 위클리프 아시아-태평양 대표

한종석
성경번역선교회(GBT) 선교사

김강석
SNS-나그네의이웃 대표, 전 기술과학전문인선교회(FMnC) 대표

김영진
개척선교회(GMP) 선교사

이성칠
전문인협력기구(HOPE) 선교사